白衣天使

李子燕◎著

护士

中国出版集团

现代出版社

图书在版编目（CIP）数据

白衣天使 / 李子燕著.——北京：现代出版社，
2013.1 （2024.12重印）
（我的未来不是梦）
ISBN 978-7-5143-1051-1

Ⅰ.①白… Ⅱ.①李… Ⅲ.①护士 – 生平事迹 – 世界
– 青年读物②护士 – 生平事迹 – 世界 – 少年读物 Ⅳ.
①K816.2-49

中国版本图书馆 CIP 数据核字(2012)第 292868 号

我的未来不是梦—白衣天使(护士)

作　　者　李子燕
责任编辑　张　晶
出版发行　现代出版社
地　　址　北京市朝阳区安外安华里 504 号
邮政编码　100011
电　　话　(010) 64267325
传　　真　(010) 64245264
电子邮箱　xiandai@cnpitc.com.cn
网　　址　www.modernpress.com.cn
印　　刷　唐山富达印务有限公司
开　　本　700×1000　1/16
印　　张　12
版　　次　2013 年 1 月第 1 版第 1 次印刷　2024 年 12 月第 4 次印刷
书　　号　ISBN 978-7-5143-1051-1
定　　价　47.00 元

序　言

这套以"我的未来不是梦"命名的丛书，经过众多编者的数年努力，终于以这样的形式问世了。

此时，恰值党的"十八大"刚刚胜利闭幕，选举出了以习近平同志为首的党中央领导集体。"十八大"报告中对教育领域提出："坚持教育为社会主义现代化建设服务、为人民服务，把立德树人作为教育的根本任务，培养德智体美全面发展的社会主义建设者和接班人。"这使我们编者更感此套丛书生即逢时，契合新时期新要求，意义重大。

我们编写的这套《我的未来不是梦》系列丛书，精选了古往今来的一些重要职业，尤以当下热点职业为重。而"梦想的实现"则是本套丛书的核心。整套书立意深远，观点新颖，切合实际，着眼实用，是不可多得的青少年优质读物。

我们深信，这套丛书必将伴随小读者们的生活与学习，而促进他们德智体美全面健康的成长。更使他们对未来充满信心，驾驭着新知识和新科技，驶入海洋，飞向蓝天，去实现最美好的梦想！

目录 CONTENTS

第一章 仁心仁术是护理的灵魂

初始的护理象征母爱……………………009
南丁格尔首创科学护理……………………012
护理是人与社会的统一……………………014

第二章 信念是一切伟业的基石

燃烧自己,照亮别人 ……………………021
爱病人,胜过爱自己 ……………………029
以母亲的名义宣誓………………………035

第三章 热忱是一种伟大的力量

人应当有驾驭热情的本领…………………043
热忱能发掘所有的美……………………048
把热忱变成温暖和力量…………………053
用真诚架起无界之桥……………………058

第四章　爱心是一颗美德的火种

红丝带传递爱的真情……………………065

桑榆晚霞处处情……………………071

爱心在平凡中微笑……………………076

第五章　坚强是一首永恒的绝唱

母仪天下的人间童话……………………083

坎坷中谱写有为乐章……………………089

在废墟上挺起脊梁……………………094

第六章　生命的意义不在于长短

只留清白在人间……………………103

彩虹下的约定……………………109

精神天使的微笑……………………113

第七章　在履行职责中得到快乐

草根英雄传递正能量……………………123

为了他们，我愿意……………………128

大爱无疆，上善若水……………………133

第八章　艰苦奋斗铺开幸福之路

昆仑雪山的勇敢云燕……………………143
山窝里飞出的金凤凰……………………149
冰清玉洁的雪莲花………………………155

第九章　自由和平是永恒的主题

唱响《上甘岭》不朽的赞歌………………163
战地天使点燃生命火焰…………………168
跨越国界的铿锵玫瑰 ……………………173

第十章　不怕做那片最小的叶子

信念和热忱是朴素的美…………………183
爱心和坚强是完善的美…………………186
生命与和平是永恒的美…………………189

CONTENTS

第一章

仁心仁术是护理的灵魂

◦导读◦

"从善如流，大医精诚；不为良相，则为良医。"世间一切真、善、美，皆蕴含事物的客观规律。护理工作原本是平凡的工作，然而护士却用真诚的爱心，去抚平病人心灵的创伤；用火一般的热情，去点燃患者战胜疾病的勇气。学不博无以通其变，思不精无以烛其微，护士用一颗同情心和一双灵巧的手，让病人在仁心仁术的春风中提升生存与生活的希望！

■ 初始的护理象征母爱

人们喜欢把护士比喻为"白衣天使"。雪白的燕尾帽扣着秀发,雪白的长褂罩着婀娜的腰身。她们用纤巧勤劳的双手和温柔的声音,把纯洁、善良、爱心传递。救死扶伤是她们的使命,童叟无欺是她们的准则。她们是凡间的可爱天使,是坚守在护理界的美丽战士。

"护理"一词来自拉丁语,意思是哺育小儿,后来扩展为养育、保育,避免伤害,看护老人、病人或虚弱者。"护士"的拉丁语意思是指喂养、支持和保护病人、受伤者和老人。因此,最初始的护理,象征着最伟大无私的母爱。

护理是医学科学的一个组成部分,与人类的生存繁衍、文明进步息息相关,内涵也在不断拓展。狭义的护理,是指护理工作者所从事的以照料病人为主的医疗、护理技术工作,如对老幼病残者的照顾,维护患者的身心健康,满足人类生、老、病、死的护理需求等。广义的护理,是指一项为人类健康服务的专业,在尊重人的需要和权利的基础上,改善维持或恢复人们所需要的生理、心理健康,以及在社会环境变化中的社会适应能力,达到预防疾病、提高健康水平的目的。

护理是人类在与自然斗争中进行自我保护的产物。远古人在与自然的搏斗中,经受了猛兽的伤害和恶劣自然环境的摧残,自我保护成为第一需要。北京猿人在火的应用中,逐步认识到烧热的石块、沙土不仅可以给局部供热,还可以消除疼痛。原始人创造了"砭石"和"石针",以之作为解除病痛的工具。当人类社会发展至母系氏族公社时代,氏族内部有了分工：男子狩猎，妇女负责管理氏族内部事务，采集野生植物，照顾老、幼、病、残者，家庭的雏形由此产生。

古代的护理主要是自我护理和家庭护理，以保护式、互助式、经验式、家庭式等爱抚手段，与疾病和死亡做斗争。护理在最久远的古代，单纯地象征着母爱。初始的家庭或自我护理意识成为抚育生命成长的摇篮。它伴随着人类的存在和人类对自然的认识而发展。

我国中医一直奉行"三分治七分养"，虽然中医史料中没有"护理"二字的记录，"护士"这个词也是在1914年才开始沿用，但护理工作早就已经与人类健康密不可分，为护理学的起源，提供了丰富的理论和技术基础。

据史料记载，殷商时期的甲骨文，已经记录了十几种疾病和处理的方法；西周时期医学分科更细，提出观察体温、面色等护理活动；春秋战国时期医学发展迅速，名医扁鹊总结出望、闻、问、切的诊病方法，针灸、汤药、热敷的治病方法；秦汉时期《黄帝内经》阐述了许多生理、病理现象，治疗和护理原则；东汉张仲景《伤寒杂病论》总结了药物灌肠术、舌下给药法、胸外心脏按压术、人工呼吸和急救护理等医护措施；名医华佗提倡强身健体、预防疾病的方针和措施；古医书中记载了导尿术、灌肠术；隋唐孙思邈《千金药方》提出"凡衣服、巾、栉、枕、镜不宜与人同之"的预防、隔离观点；宋代记载了口腔护理的重要性；明代李时珍《本草纲目》是重要的医药学论著；明清时期记载了蒸汽消毒衣物、焚烧艾叶、喷洒雄黄酒等消毒方法，不一而足。

公元前后，其他文明古国就有了早期的医学和护理活动。公元前250年，古印度建立起早期的护士训练学校，受训的人并不多且全部是男性，主要培训男性在医院内从事照护工作；公元330年，拜占庭帝国时期，男女修道士一同在修道院内从事医疗、护理以及救济工作。被古希腊誉为"医学之父"的希波克拉底很重视护理工作，他创立了"液体学说"，提倡保持病人清洁卫生，做好口腔和皮肤护理，并采用冷热和泥敷等疗法。强调在病人的床侧对病人进行仔细观察；重视生活条件和周围环境对病人康复的意义。

中世纪则以宗教护理和医院护理为主。欧洲建立了医院，但条件差，病人和医务人员的交叉感染率和死亡率高。护理工作多为修女。她们出于爱心和宗教观念，对病人提供一些生活照顾和精神安慰，但得不到任何科学的、正规的护理训练和教育机会。那个时期的护理，强烈渴望一种突破，却一时找不到方向，缺乏有魅力和有远见的开拓者。

我的未来不是梦

■ 南丁格尔首创科学护理

　　文艺复兴带给科学领域全新的变化,医学界也受到冲击。一些国家建立了图书馆和医学院校,出现一批医学科学家。如比利时人维萨里医生解剖尸体,用直接观察法写出了第一部人体解剖学;英国医生维廉哈维以实验法发现了血液循环。随之,细菌学、消毒法、麻醉术等一系列医学发明和重大突破,为建立近代护理学奠定了理论基础,提供了实践发展的条件。

　　19 世纪中叶,南丁格尔首创科学护理专业,改善医院的生活环境、饮食和供水条件,对伤病员进行精心的护理,使伤病员的死亡率从 50%降到2.2%。同时,完成题为《影响英军健康、效率和医院管理的问题摘要》的战地报告,创作了《医院札记》和《护理札记》,指出护理工作的生物性、社会性和精神对身体的影响等,护理学理论才逐步形成和发展。国际上称这个时期为"南丁格尔时代"。这是护理工作的转折点,也是护理真正走向专业化的开始。

　　在南丁格尔的指引下,人们认识到人与环境密不可分,从而形成"环境理论":物理环境、心理环境和社会环境是互相联系的部分;环境因素影响机体的生活、发展,影响对疾病和死亡的预防、抑制或促成;良好的环境应包括清洁的空气和水、噪音的控制、污水的排放、适合的温度和多种多样的活动等;护理是将病人安置于有利的最佳条件中,其目的是保持机体的生命力和保证患病机体修复。

　　随着西医的传入,我国近代护理学也进入一个崭新阶段。1935 年,广东省建立了第一所西医医院。外国人为了利用中国的廉价劳动力，以短训班形式培训护理人员；美国护士在上海妇孺医院开办护士训练班；在福州开办我国第一所护士学校，首届只招收到两三名女生。那时医院的护理领导和护校校长，包括教师等多由外国人担任，护士教材、护理技术操作规程和培训方法等，都承袭了西方的观点和习惯，形成欧美式的中国护理专业。

后来，中华护士教育委员会成立，开始对全国护校注册，让护理成为一种职业。1914 年 6 月，上海召开第一次全国护士代表大会。这次会议正式给"护士"命名，并沿用至今。不过，那时的理事长还是由外国人担任，直至 1924 年，我国护士伍哲英脱颖而出，接任理事长，为中国人争得荣誉。从此，中华护士会开始与国际接轨，于 1925 年首次派代表出席国际护士代表大会。

我国高等护理教育的起步的标志，是 1932 年在南京创立第一所国立中央高级护士职业学校；随后教育部成立护士教育委员会。然而，在半封建半殖民地的旧中国，经过 60 年的漫长岁月，正式注册的护校只有 180 所，总计培养护士 3 万多人，远不能满足亿万人民对卫生保健事业的实际需要，仍然需要加大宣传力度，让更多的人了解护士，投入到护理事业中来。

在新中国成立前的特殊时期，军队的护理工作显得尤为重要。土地革命战争年代，井冈山的红军医院就附设有看护训练班。我军第一所医校是中国工农红军军医学校，在长征之前培训看护 300 人。在抗日战争、解放战争期间，为保障部队的战斗力，护理教育趋向正规、普及，培养了大批优秀护理人才。毛泽东同志曾在 1941 年和 1942 年的护士节，亲笔题词"护士工作有很大的政治重要性"；"尊重护士，爱护护士"。党和革命领袖对护理工作的重视和关怀，极大地鼓舞了我军广大护理工作者，她们浴血奋战，艰苦创业，默默奉献，创造了永载史册的业绩，在我国近代护理史上留下光辉的一页。电影《上甘岭》中的可爱护士王兰，就是无数优秀军队护士的化身。

■ 护理是人与社会的统一

护理专业的形成和发展,与文化科学的进步息息相关,并深受社会变迁的影响。人们在不同发展阶段会有不同层次的需要,还有妇女自身的解放与地位的提高,对护理专业都起到推动作用。

新中国成立后,进入护理工作的规划、整顿和发展期。1950年8月召开的第一届全国卫生工作会议,提出发展护理专业的规划,护士教育被定为中专,并纳入正规教育系统,由卫生教材编审委员会编护理教材。同年8月,召开中国护士学会第十七届全国理事会,改选理事,沈云晖同志当选为理事长,特聘中央卫生部部长李德全和全国妇联主席邓颖超同志为名誉理事长;学会工作从此进入新阶段。

创办《护理杂志》是中国护理事业的一个标志。更可喜的是,从1958年开始,护士学会被吸收为中国科学技术协会成员。旧社会遗留下来的护士生活、政治待遇、发展前途等问题,得到相应的解决,充分激发了全国护士的工作热情。

然而,在"文化大革命"期间,护理事业遭受挫折,医院规章制度被废除,管理非常混乱;护校停办,人才培养断层;学会工作中止,专业发展受到严重干扰。但广大护士坚守岗位,积极参加医疗队,开展中西医结合疗法,为改善广大农村和社区群众的医疗保健工作做出了成绩。她们坚守在普通的岗位上,为广大人民群众服务,充分体现了南丁格尔精神。

1976年10月以后,迎来我国现代护理的春天。国家卫生部从宏观上强化对护理专业的管理,加速现代护理学的发展进程;各医院重建护理部,狠抓人才培养,充实护理队伍,建立健全护理规章制度及护理质量标准。批准11所医科大学设置护理本科专业,学制5年,毕业生授予学士学位。同时,大专护理、护理继续教育应运而生,一个中专、大专、本科齐全的护理教育体系已初具规模。

《卫生技术人员职称及晋升条例》的颁发,明确规定了护理人员的专业技术职称。这一重大举措,对提高护士的社会地位,改变护士的知识结构,构建具有我国特色的现代护理专业,有极其重大的意义。从那时起,我国现代护理逐渐呈现出一派生机和活力。尤其是著名护理专家王秀瑛教授以她高尚的品德、渊博的学识,成为我国第一位南丁格尔奖章获得者,使全国护理界欢心鼓舞。此后,又有林菊英等十多位护理工作者获此殊荣。老一辈护理专家的执着追求和无私奉献精神,是我国现代护理得以发展的根本动力。

随着科学的发展和社会的进步,医学模式已由生物医学模式转为生物、心理、社会医学模式。护理学的地位、任务、作用和目标,也随之发生了很大的变化。护士既是治疗疾病的合作者,又是预防疾病的宣传者,还是家庭护理的教育者和社区护理的组织者。护士专业化和多面手的完美结合,将使以病人为中心的护理进一步发展。护理工作不仅要满足病人生理上的需求,还应着眼于病人心理的平衡、社会的适应,所有这一切都标志着传统护理向现代护理的过渡。

回顾护理学发展史,人们越来越意识到:健康不再局限于没有疾病和缺陷,而是要在此基础上,做到身体、精神与社会的完好适应状态。因此,消费者的自我保护意识正逐渐影响到医药卫生行业,健康保健服务也被视为一种市场,病人作为消费者,有更大的主动性和选择性,从而监督服务机构。健康是一个动态的、连续变化的过程,没有绝对的分界线。现代科学技术的飞速发展,从如何维护最佳状态到帮助濒临死亡的人平静、安宁、有尊严地死去,是护理工作面临的全新课题。

21世纪的今天,在对和平持久的追求中,护理界曾经涌现出许多兢兢业业的"白衣天使"。她们忠于理想,不畏艰难,不计得失,以卓越的事迹和高尚的心灵,温暖着所有善良的人们。让我们举起南丁格尔的"油灯",秉承"仁心仁术"精神,去找寻和平自由的生命之光!

● 智慧心语 ●

懒惰像生锈一样，比操劳更能消耗身体；经常用的钥匙，总是亮闪闪的。

——富兰克林

一个最困苦、最卑贱、最为命运所屈辱的人，只要还抱有希望，便无所怨惧。

——莎士比亚

如果只有火才能唤醒沉睡的欧洲，那么我宁愿自己被烧死。让从我的火刑堆上发出的光照亮这漫长的黑夜，打开那些紧闭的眼睛，将人类引进光明的真理殿堂。

——布鲁诺

凡大医治病，必当安神定志，无欲无求，先发大慈恻隐之心，誓愿普求含灵之苦……勿避险巇、昼夜、寒暑、饥渴、疲劳，一心赴救，无作功夫形迹之心。如此可为苍生大医。

——孙思邈

白衣天使

第二章

信念是一切伟业的基石

○导读○

信念是一个人的立身之本。它是人生的指路灯，照亮别人，也引导自身。如果说人生好比杠杆，那么信念正好是"支点"，只有具备恰当的支点，才可能成为一个强有力的人。信念虽然不是钢铁，却能在积极的行动中得以生存，从而加强和磨炼——风越大，浪花开得越美；压力越重，挺起的脊梁越巍峨；敲打越厉害，燧石发出的光芒越灿烂！

■ 燃烧自己，照亮别人

在英国伦敦滑铁卢广场，有一座克里米亚纪念碑，旁边树立着一座女士的铜像，与希德厄·海伯特的铜像并列在一起；在 10 英镑纸币的背面，也印有这位女士的半身像，与正面英国女王伊丽莎白二世的半身像相依相伴。这位女士，就是近代护理学的奠基人——弗罗伦斯·南丁格尔，英国人心目中永远的"提灯女神"、"克里米亚天使"！

1820 年 5 月 12 日，弗罗伦斯·南丁格尔在父母旅行欧洲的途中，生于托斯卡纳大公国佛罗伦斯市。她的名字即取自出生地：佛罗伦斯。1844 年 12 月，一个穷人在伦敦一所工厂医院死去，引起公众对该医院的责备，这时，南丁格尔成了促进医院改善医疗环境的倡导者。

南丁格尔家境优裕。父亲威廉·爱德华是一名统计师，毕业于剑桥大学，博学有文化教养，谙熟数学，精通英、法、德、意四门语言，除古典文学外，还精于自然科学、历史和哲学，擅长音乐与绘画。母亲芬妮·史密斯，出身于英国望族，不但家道富裕，更是世代行善，名重乡里。在英国，他们拥有两处家园：茵幽别墅和恩珀蕾花园。每年夏天，烈日炎炎，他们全家像候鸟一样，马不停蹄地到"茵幽别墅"避暑；而在一年的其余时间，他们住在恩珀蕾花园里。到了春秋季节，全家人就到附近的伦敦探亲访友，忙得不亦乐乎。小南丁格尔的童年，是在天堂般的环境中度过的。

可让人感到奇怪的是，小南丁格尔的热情，却往往不在小伙伴们身上。她爱骑小马，爱和身边的小猫、小狗、小鸟们聊天玩耍。她乐于照看它们。

有一次，一只小山雀死了，她用手帕把小鸟包起来，埋在花园内的松树下，还竖起了一块小墓碑，上面写了墓志铭："可怜的小山雀/你为何死去/你头上的皇冠/是那样美丽/但是现在/你却躺在那里/对我不理不睬/不闻不问。"

也就是从那时候起，小南丁格尔开始独来独往，不像一般的孩子那样顽皮。她倔强而执拗，多愁善感，似乎过于早熟。她在满目繁华中孤独地成长。恩珀蕾花园一片繁荣，花园外面却是满目凋敝。1842年的英国，经济异常萧条，饥民充斥各个角落。南丁格尔在她的笔记中写道："不管什么时候，我的心中，总放不下那些苦难的人群……"

到了12岁，小南丁格尔跟父亲学习希腊文、拉丁文、法文、德文、意大利语、历史、数学和哲学等。在父亲的循循善诱下，她学业大有长进，常常跟父亲一起朗读，高谈阔论，遇父亲出外远游时，便以书信交流感受。1837年，父母带着女儿们在欧洲各地增长见识。这时南丁格尔已经17岁，成为一位美丽的大家闺秀。他们全家用一年半的时间，遍游法国、意大利、瑞士各地，沿途饱览湖光山色、艺术古迹，并到处考察社会人情。

南丁格尔从小就养成记事与写日记的习惯，所见所闻，均记录下来，成为她日后办学治事的重要资料。她在法国结识了一些知名人士，并与从事社会活动的著名女性交往。她对政治与民众甚有兴趣，尤其对慈善机构更是特别留心。她从少年时期，就怀抱着服务人类的信念和坚定的济世行善意志。她的父母反对南丁格尔做护士，认为有损家庭荣誉。南丁格尔这种愿望始终没能实现。

1843年7月，正是炎热的季节，一家人再度到茵幽别墅消夏避暑时，南丁格尔不顾家人的反对，去帮助周围的穷人。她不怕肮脏和吃苦，把自己的时间，越来越多地消磨在病人的茅屋中。她常常硬要母亲给她一些药品、食物、床单、被褥、衣服等等，用于赈济穷人。到了应当返回恩珀蕾花园时，南丁格尔不愿半途而废，想留在当地。但是母亲认为，出身贵族的女儿理应在别的事情上有所作为，浪费时间护理那些穷人，简直荒唐无比。

父亲和姐姐也都站在母亲一边，因为在当时的英国，人们对于医院、护理等字眼一向避而不谈，觉得是很可怕、很丢脸的事情。由于医疗水平落后,加上国力衰微、战争频频,在 1844 年以后的英国,医院几乎就是"不幸、堕落、邋遢、混乱"的代名词,有时简直就像疯人院。南丁格尔孤立无助,最后被迫随父母回家。

接下来的日子,父母给南丁格尔提供了十分优越的上流社会生活,随时有人服侍,生活在舞会、沙龙、与贵族们的周旋之中。表面看来令人艳羡,但她内心却一直感到十分空虚,觉得自己活得毫无意义。

1845 年 8 月,南丁格尔同父亲一道,到曼彻斯特去探望生病的祖母。因为祖母病情加重,卧床不起,而且缺少照料,她便留在身边护理。很快,祖母的身体大有起色。接着老保姆盖尔太太又病倒了。弗洛伦斯又赶回家里,精心护理病入膏肓的盖尔太太。直到老人临终,南丁格尔一直守候床边,没有离开半步。

这年秋天,恩珀蕾花园附近农村中瘟疫流行,和当地的牧师一道,南丁格尔积极地投入到护理病人的工作。在那时,人们都以为护理工作很简单,根本用不着培训,以前连她自己也曾认为,只要富有耐心和同情心,就能帮助病人解除病痛,这就是护理工作的全部。一天,她亲眼看到一个女人,在她面前痛苦地死去——这位病人服错了药。"她必然是死不瞑目,是那些护理者毒死了她!"这一想法让南丁格尔更加坚信:护理是一门重要的学问。要实现自己的理想,别无选择,必须学习这方面的知识。

离恩珀蕾花园几英里处,有一个诊疗所,主治医师富勒先生很有些名气,据说毕业于牛津大学,而且是南丁格尔家的老朋友。于是,南丁格尔当着父母的面提出拜富勒为师。一场风暴就此爆发了。父亲拂袖而去,母亲则气得发疯,再也无法忍受这样的怪念头;姐姐也歇斯底里大声嚷嚷,说妹妹一定是"中了邪",这不单有失贵族身份,还会把病菌带入家门,害死全家。富勒夫妇感到很难堪,为了安抚南丁格尔父母,也只好向南丁格尔"泼冷水",劝她放弃。

在巨大的精神压力下,南丁格尔咬紧牙关,没有屈服,开始偷偷钻研起医院报告和政府编印的蓝皮书;还私下给国外的专家写信,向他们请教各种问题;并且,还时不时地索求有关巴黎和柏林两市医院情况的调查报告。

每天早晨,她至少要学习一个多小时。当早饭铃声响起,会迅速收拾书本,若无其事地下楼用餐,看上去规规矩矩,也尽量不提及内心的想法。

母亲要南丁格尔负责储藏室、餐具室和藏衣室的整理工作,她丝毫不敢怠慢,希望母亲回心转意。她给朋友克拉克小姐写信说:"我不得不做很多家务。那些衣被、玻璃杯、瓷器,已埋到我的下巴了。它们简直是乏味透顶。我也不禁要问自己:这就是生活吗?难道一个有理智的人,一个愿意有所作为的人,每天想要做的,就是这些吗?"

当然,善良美貌的南丁格尔,也收到过爱情的橄榄枝。在一次宴会上,年轻的慈善家理查德对她一见钟情,两人一起谈诗作画,愉快交往。在南丁格尔寂寞无助的时候,理查德用数不清的信笺,给过她很大的精神安慰,她也曾把理查德称为"我所崇拜的人"。但在他求婚时,她考虑良久拒绝了。南丁格尔坚定了独身生活的态度——"我注定是个漂泊者。为了我的使命,我宁可不要婚姻,不要社交,不要金钱。"此后,她拒绝了所有的求婚者。

经南丁格尔的请求,本森爵士寄来一本书《凯撒沃兹的基督教慈善妇女年鉴》。书里介绍了凯撒沃兹在护理方面的先进理念和有关情况,让南丁格尔喜出望外。作为慈善医疗机构,凯撒沃兹正是她多年来梦寐以求的地方,在那里,各方面的条件相对完备,可以得到适当的训练;同时,那里的宗教气氛、清规戒律,是一张"挡箭牌",可以保证护士的名声不受舆论指责。当父母、姐姐知道南丁格尔"贼性不改",还在私自学医时,气得发抖。她们联合起来惩罚她"闭门思过",不许出家门一步。

时光如飞,在 1851 年 6 月 8 日这一天,南丁格尔在笔记中,以前所未有的坚定语气写道:"我必须清楚,依靠一味的死守和等待,机会就会白白地从身边溜走。从他们那里得到的,只是愈演愈烈的冲突。我显然是不会获得同情和支持的。我应该就这样坐以待毙吗?绝对不可以!我必须自行争取那些我赖以生存的一切。对于属于我的事业,必须自己动手去做。我的人生际遇,我的真正幸福,要依靠我的努力;他们是决不会恩赐于我的。"

南丁格尔利用病后疗养的机会,先来到法兰克福,当时那里的护理事业走在各国前列。她在一家诊疗所，学到了不少有用的东西，两周以后离开时，她觉得自己有资格做一名合格的护理员了。她平静地向家人宣布决定，父亲尚平静，但母亲和姐姐惊慌不已，再度极力阻挠。这一次，南丁格尔丝毫没有退却，吵得天昏地暗。第二天，南丁格尔勇敢地离开了家，来到西道尔·弗利德纳牧师的收容所——这所机构拥有一所医院、一所育婴堂、一个孤儿院和一所培训女教师的学校。

南丁格尔住在孤儿院内的一个小房间里。她的工作地点是孤儿院和法兰克福女子医院。所有的工作她都学着干，一点儿也不肯落下，甚至连手术护理也参加。这对她来说非常不易。毕竟，在当时，对于一个贵族女子来说，完全是"有失体统"的事。南丁格尔明白这一点，但不在乎。

在这段时间里，南丁格尔往家里写了好几封信，介绍自己的情况，也渴望和家里人重归于好。在 32 岁生日时，她感谢家人的祝福，还特地给父亲写了一封信。其中写道："尽管我的年龄的确不小了，不过我会更加坚持行使我的使命。事实上，我很高兴，因为我终于重获自由。不幸的青春期已经过去，我并不多么留恋。它永远不会再回来了，我为此而欣慰，因为这意味着，我将获得新生命。"

南丁格尔对护理事业的高度热忱和雄心壮志，终于感动父亲，答应每年资助她 500 英镑。并于 1853 年 8 月 12 日，在慈善委员会的资助下，南丁格尔在伦敦哈雷街 1 号成立一家看护所，开始施展她的抱负：如采用病人召唤拉铃，在厨房设置绞盘以运送膳食给病人，她强调"任何妇女，不分信仰、贫富，只要生病，就可收容……"

南丁格尔从此全身心投入到护士工作中去，用整个一生诠释了一个真理：在真实的生命活动中，每项伟业都由信念开始，并由信念跨出第一步！

19 世纪 50 年代，英国、法国、土耳其和俄国进行了克里米亚战争，英国战地的战士死亡率高达 42%。南丁格尔主动申请，自愿担任战地护士。她率领 38 名护士抵达前线，在战地医院服务。她竭尽全力排除各种困难，为伤员解决必需的生活用品和食品，对他们进行认真的护理。仅仅半年左右的时间，伤病员的死亡率就下降到 2% 左右。

南丁格尔为此付出极大的精力和心血。她建立护士巡视制度，每天夜晚总是提着风灯巡视病房，每天往往工作 20 多个小时。夜幕降临时，她提着一盏小小的油灯，沿着崎岖的小路，在 4 英里之遥的营区里，逐床查看伤病员。士兵们亲切地称她为"提灯女神"、"克里米亚的天使"。伤病员写道："灯光摇曳着飘过来了，寒夜似乎也充满了温暖……我们几百个伤员躺在那儿，当她来临时，我们挣扎着亲吻她那浮动在墙壁上的修长身影，然后再满足地躺回床上。"这就是所谓的"壁影之吻"。因此，"提灯护士"和"护士大学生燃烛戴帽仪式"，就成为南丁格尔纪念邮票和护士专题邮票的常用题材。

战争结束，南丁格尔避开政府隆重的迎接仪式，化名"史密斯小姐"悄悄返回英国的家里。她说："我不要奉承，只要人民理解我。"她提出科学的护理理论，一生撰写了大量报告和论著，包括《护理札记》、《医院札记》、《健康护理与疾病札记》等多部专著。最著名的是《护理札记》，她认为护理学的概念是"担负保护人们健康的职责，以及护理病人使其处于最佳状态"。该书被称为护理工作的经典。

革命导师马克思和南丁格尔是同时代的人，对南丁格尔的勇敢和献身精神十分敬佩和感动，写下两篇充满热情的通讯，分别刊载在德国的《新奥得报》和美国的《纽约论坛报》，使世人皆知这位伟大的女性。

英国人将南丁格尔看作新的圣女贞德。伦敦社会名流共同发起成立南丁格尔基金会；同时倡导成立国际红十字会。英王维多利亚女皇授予她功绩勋章。她是英国历史上第一个接受最高荣誉的妇女。同时，英王为表示个人对南丁格尔的嘉许与感谢，特地送给她一枚金质钻石胸针，胸针上镌刻着《圣经》里的名言："怜恤他人的人有福了！"

逐梦箴言

在中外历史上,能坚持崇高的信念,排除一切困难并建立特殊功业的人物向来不多,尤其女性人物更为鲜见。南丁格尔的一生,历经整个维多利亚女王时代,对开创护理事业做出了超人的贡献。她毕生忠于自己的理想,致力于护理的改革与发展,取得举世瞩目的辉煌成就,成为 19 世纪出类拔萃、世人敬仰和赞颂的伟大女性。如今,越来越多"白衣天使"举起女神之灯,传承着爱心、耐心、细心和责任心——"燃烧自己,照亮别人!"

知识链接

【南丁格尔宣言】

余谨以至诚,于上帝及会众面前宣誓:终身纯洁,忠贞职守,尽力提高护理之标准;勿为有损之事,勿错用或故用有害之药;慎守病人家规及秘密,竭诚协助医生之诊治,务谋病者之福利。谨誓!

【南丁格尔护士学校】

1860 年 6 月 24 日,南丁格尔用"南丁格尔基金",在伦敦圣多马斯医院创建"南丁格尔护士训练学校",被后人认为是世界上第一所正规护校。办学宗旨是将护理作为一门科学的职业,试验一种非宗教性质的新型学校。它开创了现代护理专业这一伟大事业,对整个人类是一项空前的贡献,推动了西欧各国乃至世界各地护理工作和护士教育的发展。由于南丁格尔的努力,护理学成为一门科学。

【红十字国际委员会】

创始人是瑞士人亨利·杜南,1863 年 2 月 9 日创立,是一个独立的、中立的组织,其使命是为战争和武装暴力的受害者提供人道保护和援助。国际法赋予红十字国际委员会的永久职责,是为受到冲突影响的被关押者、伤病人员和平民采取公正行动。红十字会总部位于瑞士日内瓦,在大约 80 个国家设有办事机构,员工总数超过 12 000 名。红十字会已成为国际三大组织之一,与联合国、国际奥林匹克委员会等国际组织相比,有着更悠久的历史。红十字与红新月国际大会上通过的《红十字国际委员会章程》,具有一种准法律或"软法律"的地位。

■ 爱病人，胜过爱自己

"Lin Qiao zhi's Baby"（林巧稚的孩子）——每一个林巧稚亲手接生的孩子，出生证上都有她秀丽的英文签名。

"那我就一辈子也不嫁"！林巧稚为了读医科，不顾家人劝阻，坚决去参加考试，抛下一句气话；后来，在生活和事业两者不可兼得的条件下，她选择了事业。

"产钳，产钳，快拿产钳来……又是一个胖娃娃，一晚上接生三个，真好！"这是林巧稚在生命弥留之际的话，其间充满了职业的满足感和成就感。

"创妇产事业，拓道、奠基、宏图、奋斗，奉献九窍丹心，春蚕丝吐尽，静悄悄长眠去；谋母儿健康，救死、扶伤、党业、民生，笑染千万白发，蜡炬泪成灰，光熠熠照人间。"这是 1983 年 4 月 22 日林巧稚走的那天，遗像两旁垂下的 4.5 米高挽联上的 60 个字，反映了她 60 余年的工作和业绩。

那一天，无数人在流泪，无数颗心在祝福"万婴之母"一路走好。闻讯赶来哀悼的人络绎不绝，有她生前挚友、同事、学生，有她生前诊治过的患者和她接生的人，还有日理万机的中央领导同志。

人们想再看她一眼，再送她一程！

虽然林巧稚终身未婚，却拥有最丰富的母爱；没有子女，却是拥有最多子女之爱的传奇女性。她是中国妇产科学的主要开拓者之一，是北京协和医院第一位中国籍妇产科主任及首届中国科学院唯一的女学部委员（院士）。林巧稚医术高明，医德高尚，一生接生了 5 万多名婴儿，在胎儿宫内呼吸、女性盆腔疾病、妇科肿瘤、新生儿溶血症等方面的研究做出了卓越贡献。

1901 年 12 月 23 日，林巧稚出生于厦门鼓浪屿的一个基督教家庭。父亲早年留学新加坡，是一个受过现代教育的归侨。思想开明的父亲没有因为巧稚是女孩而轻视她，因此巧稚没有像其他女孩一样裹小脚、早早嫁人，而是从小就跟着哥哥和父亲一起学习英文，诵读圣经。然而不幸的是，在林巧稚 5 岁时，母亲因为身患宫颈癌不幸去世，而父亲也因伤心过度病倒了。"学医，当个医学家"——当时还是孩子的林巧稚在失去亲人的痛苦中，于心底里植下了学医的信念！

20 岁那年夏天，林巧稚终于抱着这个信念，乘船去了上海，报考有教会背景的北京协和医学院。她没有出过远门，一路上新鲜和不安如影相随，而父亲那句"不为良相，当为良医"的教诲一直萦绕在耳边，让她心中更多了一份沉重。

7 月的上海酷热难耐，考场上的林巧稚奋笔疾书，因为这次考试只招收25 人，她只有全力以赴才能进入梦寐以求的大学。忽然，安静的考场有些躁动，只见一名女学生中暑后被抬出了考场，监考老师因为是男的而不方便施救，只能差人联系考场外她的家人。

晕倒女生的情况越来越紧急，这时，林巧稚站了出来，迅速把中暑的考生安置在阴凉处，随手解开她的领扣，喂她喝水并吃下仁丹……女生终于苏醒，周围的人都长舒了口气。林巧稚仅用十分钟就迅速处理了这起突发事件。可是当她回到考场时，考试已经结束，她最有把握的英语科目竟然没有答完。

带着和梦想失之交臂的惆怅，林巧稚回到了家；然而一个月后，却意外收到协和医学院的录取通知书。或许是她没有答完的试卷已经很优秀，或许是面对病人的果断和忘我，让她赢得了另外一场"考试"——年纪轻轻就有"爱病人胜过爱自己"的职业精神。总之，林巧稚想做个"医学家"的信念之船，在协和医学院启航了。

协和医学院作为当时最好的医学院校，对学生的要求是相当严苛的，每门功课 75 分以上才算及格，有一门不及格留级，两门不及格即除名，没有补考和商量的余地。在林巧稚看来，只有更加刻苦地学习，才能最终实现自己的医生梦。此后，无论夜阑人静，还是黎明微曦，人们总是能看见林巧稚窗下苦读的身影。1929 年毕业时，一同入学时的 25 名同学只剩下 16 人，林巧稚的成绩始终在班里高居榜首，获得了协和的最高荣誉奖"文海奖学金"，她也是协和历史上第一个获得该奖项的女学生。

在协和医学院苦读的 8 年里，林巧稚不仅积累了扎实的专业知识，协和"慈悲、专注、自省、一切以病人为中心"的精神，更是深深地烙在她的心中。几年后，林巧稚面临毕业的选择。在当时的中国，重男轻女的传统思想相当严重，女性是男人的"附属品"的观念大行其道，而大街上丢弃、售卖女婴现象也不鲜见。

或许是为了那些苦难中的中国妇女，抑或是为了纪念在病痛中死去的母亲，作为优秀毕业生的林巧稚并没有选择热门的外科、内科，而是选择了当时并不受人重视的妇产科，她要用自己的所学，帮助更多的中国妇女改变生活。从此，协和多了一位"说话做事直截了当，工作能力不逊男人"的妇科工作者。

机会总是眷顾有坚定信念的人！林巧稚从医生涯的命运转折，也是在不经意间到来的。那是一个圣诞节前的平安夜，几位外国医生因为要参加聚会早早地离开了医院，留在病房的只有林巧稚。忙碌了一天刚刚打算小憩一会儿，突然急诊的灯亮了，林巧稚迅速跑到急诊室。只见病床上躺着一个 20 多岁的女子，面色苍白，皮肤湿冷，已经处于半昏迷状态。通过家人描述和初步检查，林巧稚判断病人为宫外孕，需要马上手术，否则会有生命危险。没有片刻迟疑，她一边通知立刻准备手术，一边拨打电话给主治医生，可是电话里传来的却是阵阵忙音。林巧稚的心揪得一阵比一阵紧，终于电话通了，"喂……"电话里的声音很嘈杂，隐隐还有音乐声。听了林巧稚的报告，主治医生迟疑着说"抱歉，抱歉，这里离医院很远"。林巧稚急得声音有些嘶哑，又一次说到病人的危急。电话那头沉默了片刻说道："外面雪很大，赶过去要很长时间，病人等不了的。请你负责吧，可以让病人转院……"

挂断电话，林巧稚看着病床上危在旦夕的病人，突然冷静下来了。"这样大的风雪夜，她还能去哪儿呢？我是医生，眼下能做的就是全力去抢救！"主意一定，林巧稚没有时间考虑自己是不是主治医生，是否有做手术的权利，而是和多年前在上海的考场一样，又一次把自己的前途和命运抛在一边，毅然走上了手术台。

无影灯下，林巧稚站在手术台上，全神贯注，仿佛全世界都不存在了，眼睛里心里只有这位病人……清创、整理、缝合、包扎，一切都进行得有条不紊。血压回升，体温回升，脉搏逐渐恢复正常，生命体征又重新活跃起来。林巧稚的成功并不是凭借幸运，在她拿起手术刀的那一时刻，手术刀是炙热的，连带着她生命的体温，带着她多年刻苦学习的医术和胸有成竹的信念，更凝聚着她对生命的理解和敬畏。

然而，在那个普遍不重视女性的时代，留在协和医院就意味着必须接受那不成文的规定——"聘任期间凡因结婚、怀孕、生产者，作自动解除聘约论。"这种规定对于正值恋爱、婚嫁之龄的林巧稚是痛苦的，然而坚定的理想和虔诚的信仰，让她毅然选择了事业。

林巧稚不仅医术高明，她的医德、医风、奉献精神更是有口皆碑。抗战爆发后，北平沦陷，协和医院因为是美国人办的而得以幸存。1939年，林巧稚受协和派遣到美国进修。一年后，她谢绝了芝加哥大学妇产科的挽留，回到灾难深重的祖国。她知道，自己的同胞需要她的医疗服务。1941年，太平洋战争爆发，协和医院也被迫关闭，但林巧稚仍然没有离开沦陷的北平，她在胡同里办起了私人诊所。

当时来诊所看病的，多半是没钱就诊的穷苦人。林巧稚有一个特殊的就诊包，里面总备着现钱，对贫病交困的人家，她不收分文药费，还予以资助。她将医生的救死扶伤、造福病人的宗旨演绎到了一个新的境界。林巧稚曾说过："作为一名医护人员，既然病人把自己的健康希望给了你，你就要尽心尽力，负责到底。"正是怀着这样的信念，在那动荡不安的日子里，林巧稚的诊所整整坚持了6年，共接诊上万余人，留下了8887份档案。这8887份档案不仅记录了病人的病史，更记录了一个个感人至深的故事，见证了一个个新生命、新希望的诞生。

新中国成立之后，林巧稚以更大的热情投身到医学事业中，教育妇产科所有的人，救活一个产妇或孕妇，就是救活两个人。她凭着爱心和高超医技，赢得了千千万万妇女和儿童的爱戴和尊重。百姓心存感恩，把她亲手接生的孩子起名"念林"、"爱林"、"敬林"、"仰林"，永远纪念这位医务界的楷模——"中国妇产科之母"。

逐梦箴言

"生平最爱听的声音，就是婴儿出生后的第一声啼哭。这些哭声让我感受到生命的奇妙，感受到作为医生的自豪，也体会到了作为母亲的快乐。"这是林巧稚经常说的话。为了倾听这美妙的声音，为了深深爱着的妇产事业，她放弃了婚姻、家庭和作为母亲的权利，用自己的青春、热情和生命，践行了"爱病人胜过爱自己"的人生诺言。如果一个人有足够的信念，就能创造奇迹——林巧稚创造了伟大的传奇！

知识链接

【北京协和医院】

位于北京市东城区，集医疗、科研、教学为一体的大型综合医院。它隶属于中国协和医科大学，是中华人民共和国卫生部指定的诊治疑难重症的技术指导中心之一。在中国乃至世界享有盛名，是中国最早承担外宾医疗任务的单位。2006年7月28日被中国奥委会定为"国家队运动员医疗服务指定医院"。医院建成于1921年，由洛克菲勒基金会创办，志在建成亚洲最好的医学中心。中央人民政府于 1951 年接管,形成独特的"严谨、求精、勤奋、奉献"的协和精神。"教授、病案、图书馆"是著名的协和"三宝",现代医学教育的"三基"、"三严"理念就起源于这里。

林巧稚对妇产科学研究的主要成果

率先对妇产科学许多方面进行了研究,许多研究成果发表于《用造袋术治疗后腹壁囊肿一例》、《新生儿自发性肺气肿》、《妊娠及非妊娠妇女的阴道酵母样霉菌》、《在协和医院生产的畸形头胎儿》、《对妊娠母亲试用破伤风类毒素免疫小生儿》等文章中,著有《乙酰胆碱在正常分娩机制中的作用》、《24 例良性葡萄胎及恶性葡萄胎转移的研究》,主编《妇科肿瘤》、《农村妇幼卫生常识问答》、《家庭育儿百科大全》等。

有关林巧稚的纪念活动

林巧稚逝世后,厦门鼓浪屿于 1984 年建造了名为"毓園"的林巧稚纪念馆,园中立着林巧稚的汉白玉雕像,建有"林巧稚生平事迹展览室",邓颖超同志亲手在园中种植的两株南洋杉,象征着林巧稚秀逸高洁的品格。

中国青年出版社、中国科学技术出版社及福建科技出版社分别于 1985 年、1989 年、1992 年出版了纪实文学《林巧稚传》。中国和平出版社及百花文艺出版社也分别出版了《林巧稚》。

1990 年 10 月 10 日,为表现我国现代科学家的卓越贡献,我国原邮电部发行一套《中国现代科学家》(第二组)纪念邮票 4 枚,当中第 1 枚是医学科学家林巧稚。2009 年 9 月 14 日,她被评为 100 位新中国成立以来感动中国人物之一。

■ 以母亲的名义宣誓

每逢 5 月 12 日的"护士节",白衣天使们都会缅怀一位令世人敬仰的女性,她就是被誉为"中国护士之母"的巾帼英雄伍哲英。翻开中国护理事业的历史,有着这样一段辉煌又振奋人心的记载:

1925 年 7 月 20 日,国际护士会于芬兰首都赫尔辛基召开大会,来自世界各地 33 个国家的 1049 名护士,着装美丽,聚集壮观肃穆的圣立可拉斯教堂内;大厅中,回荡着芬兰大音乐家专为大会创作的悠扬乐曲。这是自 1899 年成立以来的第六次国际大会。对于中国护士来说,却是非同寻常、史无前例、引以为荣的一件盛事。中华护士会派四名代表远赴芬兰,参加如此隆重而又重要的会议,实属首次。这次参与,成为中国近代护理史上我国护士走出国门了解世界,进行国际护理学术交流的开端。而就职于上海红十字医院的伍哲英女士,则是第一位华裔代表。

在五天的会议中,各国护士代表就"护士之事业"、"个人及民众的健康"等题,以分发文件、演讲会、研究会等多种形式进行了热烈的交流与讨论。可喜的是,中国以《中华护士报》为主的护理出版刊物,深得世界各国护士代表的好评与关注,决定发行《中国护士报》。就职于上海红十字医院的伍哲英女士,则频频出席各种集会并演讲多次,以使更多国家了解中国的护理战线与护士。在集嘉宾数百人的盛大晚宴上,伍女士代表亚洲护士用流利的英语,发表了慷慨激昂的演讲,为中国护士争得很高声誉,具有历史意义和国际意义……

不过，很多人看到的只是伍哲英光鲜亮丽的一面，却很少有人知道她曾经走过的心路历程。甚至因为往返芬兰的昂贵费用，她还有过放弃参加大会的念头。后来，全国护理界都在支持她，一共有90所注册护士学校及1500名护士、中华护士会会员750人捐助，伍哲英才得以走出国门，实现人生梦想。

伍哲英1884年生于福建长乐，从小勤奋好学，那时候的梦想是成为一名老师，教书育人。青年时期，她如愿以偿考进福州南台保福山女子书院，如饥似渴地在知识的海洋里求索着，希望早日毕业，把所学用于实践中，同时也为家里减轻负担。

毕业后在该院任职一年，那段时光应该是最无忧无虑的，她喜欢与学生们在一起，喜欢书院的气氛。可惜好景不长，老师的工资原本就不高，再加上母亲患了很严重的病，家里一下子陷入困境。守在母亲床边却不能为母亲减轻病痛，无钱送母亲去求医问药，她心如刀割。可是她无能为力，只能眼睁睁望着母亲撒手人寰……

母亲去世后，伍哲英的心灵受到很大打击，很后悔当初为什么没有选择医护专业，否则至少能在母亲的病榻前，好好尽孝，减少母亲的痛苦啊！伍哲英在母亲的坟前跪了好久，最后抹净眼泪，毅然放弃了书院的工作，立志学医。她要弥补对母亲的遗憾，让更多的病人得到最好的照顾。

失去工作，又要重新开始求学，家里贫困的状况简直是雪上加霜。伍哲英不能再给家里增添负担，白天出去打工，晚上要灯下苦读，人一圈圈瘦下去，知识越积累越多，对医护的兴趣也越来越大。终于，功夫不负有心人，她以优异的成绩考入江西九江福德医院护士学校。临入学前，她流着泪来到母亲的坟前，向母亲许下承诺：一定把全部热情投入到护理事业，帮助病人减轻痛苦！

接下来的日子，可想而知依然很艰苦，但因为有了前进的目标，伍哲英觉得浑身有使不完的力量。她一边努力学习护理知识，积极参与实践，一边悄悄打工，为自己赚学费和生活费。同学们问她为何对生活有那么大的热情，伍哲英笑而不语。挫折和磨难给人最大的好处，可能就是能激发起强大无比的热情吧。她的心里装着母亲,因此,她要坚强!

1915 年,在江西九江做护士的伍哲英荣幸地得到了留学机会,赴美国彰慈浩补勤医院琼斯·霍普金斯护士学校攻读护理 3 年;之后又转入纽约城妇道医院专攻妇产科护理。由于她各门学科都相当优秀,很多医院相邀她加盟。但伍哲英想起去世的母亲,更想起培养她的祖国,于是拒绝了国外医院的盛情,毅然踏上报效祖国的护士之旅。如果说之前立志学医,是为了弥补痛失母亲的遗憾;那么此时此刻的伍哲英,则在求学中升级为最伟大的热情,在她的脸上,洋溢着最美丽的笑容——那就是爱国主义和人道主义!

回国后,伍哲英全部身心投入到护理事业中来,希望把所学全部贡献给祖国。1921 年,伍哲英与友人到上海筹办中国红十字总会第一医院,并亲自担任护理主任职务。医院初创条件差,缺乏资金和护理人员,伍哲英从业务到杂务均亲自动手。有一次,一例宫外孕患者前来就诊,伍哲英日夜守护,精心护理,病人很快痊愈出院,出院后即登报感谢,使该院赢得群众的信任和广泛好评。

同年在上海,伍哲英创建第一所由中国人办的红十字总会护士学校。她除担任校长和护理主任外,还亲自承担五门课程讲授及实习指导。之后,又相继创办了南洋护校、济民医院附设护校,并担任校长;在上海私立伯特利医院附属护校任校长;1928 年,伍哲英被选为中华护士会第八届理事会会长。伍哲英大力提倡护理工作人性化。为便于与病人的沟通,她积极倡导护士学校推广普通话和学习英语,为中国护理事业培养了一批又一批实用人才。

伍哲英的奉献和成就,终于得到了国际红十字会的认可,1928 年,汉口第九届会员代表大会结束了近 20 年外籍护士任会长的历史,由伍哲英开始护理管理与领导工作。当时注册护士学校 126 所,会员 1409 人。这标志着中国护理队伍与护理事业的发展已初具规模。

抗日战争爆发,伍哲英积极投入抗战洪流。她带着无家可归的一批学生,到上海第八伤兵医院为抗日伤病员服务,抢救了不少伤兵,被称为火线上的"白衣天使"。伍哲英见到难童医院有四五十名失去父母的孤儿得不到适当的照顾,就主动留在该院工作。当时有一重病难童骨瘦如柴,在伍哲英精心救治下,孩子得救了,为感谢伍哲英抢救自己的生命,遂改名伍琦。伍哲英的母爱情结,在这群孩子身上得到充分体现。

像这样的感人故事还有很多。青年医生高生道常说:在上海抗战的那些日日夜夜里,是"义母"伍哲英给了他新的思想、新的人生追求;是"义母"送他走上一条新的人生路,接受宋庆龄在香港"保卫中国同盟"的任务,后来成为光荣的中国远征军军医……

中华人民共和国成立后,伍哲英仍担任护理顾问,直到晚年热情不减。她的一生为中国护理事业奋斗不息,终身未婚,深受护理界的尊崇,因此有人尊称她是中国的南丁格尔,是"护士之光"、"中国护士之母"。

逐梦箴言

"当你感到悲哀痛苦时,最好是去学些什么东西。学习会使你永远立于不败之地。"丧母之痛和贫困的折磨,并没有把伍哲英吓倒,反而激发她更顽强的斗志。或许,磨难给我们最好的东西,就是信念。如果这种信念从"小我"升级到"大我",从"小爱"升级为"大爱",那么必将拥有万夫莫当的威力。仁心仁术,让母爱之光熠熠生辉!

知识链接

【世界卫生组织】

简称世卫组织或世卫,是联合国属下的专门机构,国际最大的公共卫生组织,总部设于瑞士日内瓦。世界卫生组织的宗旨,是使全世界人民获得尽可能高水平的健康。该组织给健康

下的定义为"身体、精神及社会生活中的完美状态。"世界卫生
组织的主要职能包括：促进流行病和地方病的防治；提供和改
进公共卫生、疾病医疗和有关事项的教学与训练；推动确定生
物制品的国际标准。迄今为止共有 194 个成员国，每年 4 月 7
日为全球性的"世界卫生日"。现任总干事为香港人陈冯富珍。

国际护士会（简称 ICN）

各国护士学会的联盟，是独立的非政府性的组织。1899
年建立，总部设在日内瓦。国际护士会创始人是芬威克，有会
员团体 101 个，代表 100 多万护士，是世界上历史最久的医药
卫生界的专业性国际组织，其宗旨是促进各国护士学会的发展
和壮大，提高护士地位及护理水平，并为各会员团体提供一个
媒介以表达其利益、需要及关心的问题。每 4 年举行一次国
际大会。出版双月刊《国际护理综述》和专业性书籍。颁布并
定期修订《护士准则》。1922 年中华护士会加入国际护士会。

国际护士节

每年的 5 月 12 日是国际护士节，1912 年设立。设立国际
护士节的基本宗旨是倡导、继承和弘扬南丁格尔不畏艰险、甘
于奉献、救死扶伤、勇于献身的人道主义精神。最初称"医院
日"，也称"南丁格尔日"，在中国称为"国际护士节"。在这天
里，大力宣传护理工作，鼓励护士们学习救死扶伤的人道主义
精神，已经成为世界各国护理界的一大盛事。

知识链接

我的未来不是梦

● 智慧心语 ●

人生应该如蜡烛一样，从顶燃到底，一直都是光明的。

——萧楚女

信念是鸟，它在黎明仍然黑暗之际，感觉到了光明，唱出了歌。

——泰戈尔

生命是美丽的，对人来说，美丽不可能与人体的正常发育和人体的健康分开。

——车尔尼雪夫斯基

我愿为年轻同志当铺路的石子、向上的梯子。你们就大胆地踩着我的肩头上吧！

——林巧稚

世界上最快而又最慢，最长而又最短，最平凡而又最珍贵，最容易被忽视而又最令人后悔的，就是时间。

——高尔基

第三章

热忱是一种伟大的力量

南丁格尔

◎导读◎

"没有热忱,世间便无进步。"热忱是一种伟大的力量,它可以充实你的精神;热忱能给你以信心和动力,发展你坚韧的个性。如果你对工作充满了热忱,梦想就会转化为现实的才能;如果你对生活充满了热忱,活力就会演化成舒畅的快乐;如果你对人生充满了热忱,乐观就会连接起成功的殿堂。让热忱相伴着你向前,那么再平凡的脚步,也能走完伟大的行程!

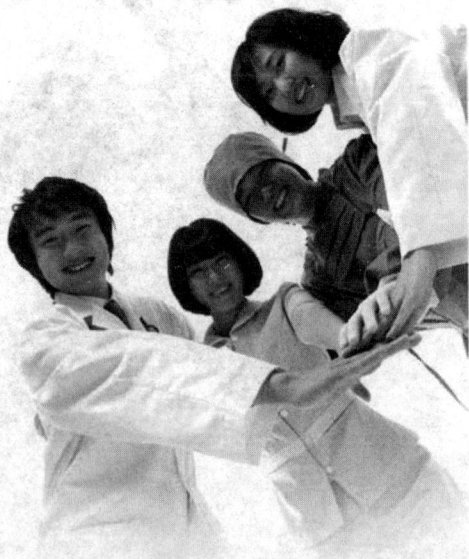

■ 人应当有驾驭热情的本领

"护士"虽然不是女人的专利，但偶一听这两个字，让人想到的就是一群可爱的女子，她们身穿洁白的裙服，头戴展翅的燕帽，脸上洋溢着朝气和自信，显示了职业的崇高。有人称她们为救死扶伤的"白衣天使"，却不知道，多年前中国的护理事业并不受重视，甚至没有一个正式称谓，直到1914年，钟茂芳在第一次中华护士会议中提出将英文nurse翻译为"护士"，大会通过后并沿用至今。

钟茂芳，又名马凤珍，1884年生于南洋群岛一个华侨家庭，是我国最早的护理专家。留学前曾在天津九洋医学堂学习看护，对护理事业充满高度的热情。当时很多人不理解她，认为护理是一件辛苦又危险的工作，何必自讨苦吃呢？还有人说，像她那样的优雅女子，可以选择更高雅的职业，譬如音乐、美术、绘画，甚至文学创作。但是钟茂芳只是一笑置之，坚持自己的理想。

后来，钟茂芳争取到去英国留学的机会。这次经历让她看到国外对护理事业的重视，亲自体会到南丁格尔精神对人们的影响。她的心灵接受着知识的洗礼，也接受着南丁格尔精神的洗礼，同时开始郑重地思考到另一个问题：中国，一直还是中医护理，什么时候能引进西医护理方式呢？如果有可能，她愿意像南丁格尔那样，做中国护理事业的开拓者，做到中西医结合，为人民服务。

1909年，钟茂芳从英国伦敦葛氏医院毕业，同年回国后惊喜地看到，西

我的未来不是梦

方护理技术已经开始在中国萌芽，护士、助产士作为一种专门的社会职业出现在各医院中。作为洋务运动和实业教育的发祥地，1908 年 8 月，由天津海关拨银 2 万两，由长芦盐运使司主管，在天津创办了近代中国第一所护士职业学校——北洋女医学堂。钟茂芳望着崭新的学堂，仿佛看到了中国护理事业的崭新明天。

抱着对明天的憧憬，钟茂芳任职于天津北洋女医院，继续从事护士训练和管理工作，成为中国历史上第一位留学国外接受看护教育的女性。在北洋女医学堂做教习，她提出要让学生树立"人文精神与科学素养、创造能力统一的实用型医学人才，既会做事，又会做学问，更会做人"的理念，形成"校院合作，工学结合"的人才培养模式。她鼓励学员用爱心和耐心对待每一位病人。懂得无私和奉献，才对得起这个职业。

同时，她又开始译著外国护理名著，让更多中国人了解护理知识。在钟茂芳任职期间，袁世凯十分器重护士工作。当他得知钟茂芳如此敬业，便捐款资助她将《牛津护理手册》译著出版。钟茂芳受到很大鼓舞，夜以继日地查阅资料，在灯下苦读，翻译，修订，最终《牛津护理手册》问世，成为当时西方护理学传入中国较早的理论书籍之一，亦是中国护士学校当时的专用教材。

长时间的临床和学习经验，让钟茂芳更加喜欢自己的工作。她认为护理是天使般的职业，它需要有爱心、细心以及耐心；需要了解诊疗护理常规，熟练掌握护理操作技能；要有很强的亲和力、沟通能力以及语言表达能力；要有高度的责任心、良好的职业道德、严谨的工作态度、较强的综合分析能力、敏锐的洞察力。钟茂芳希望越来越多的学员能达到这个标准，成为称职的护理人才。

同时，钟茂芳又意识到，护理是一份慈善工作，也是一份危险的工作，因为很多患者会有严重的传染病，护理人员随时随地都有被传染的可能。那么在这种意义上讲，护理人员不仅要做好对病人的"看护"、对病人心理的"呵护"、对病人隐私的"守护"，还要有上战场的精神，做病人也做自己的"卫士"，这样才能服务他人的同时，也照顾好自己。

当时，国外已经有"nurse"一词，泛指养育、保护、维持生命、照顾老幼等，各国翻译时都围绕护理这个中心意思。比如日本从业人员称为"看护妇"，中国福建创建的第一所护校开始也称为看护校，包括秋瑾女士翻译的护理专业书也是《看护技术》，对此大家并无异议。但是钟茂芳觉得这种翻译颇为不妥，为此她广泛查阅和参考有关资料，多次请教我国著名学者，决心要给中国的护理事业争取一个完美的称谓。

有人又提出反对意见，质问她为什么对此事竟有如此高的热情。有人说，一个名字只是一个代号罢了，并不能影响职业的实质问题，叫什么是无所谓的，只要用心工作就成了。还有人摇着头说，看护就是一个伺候人的活儿，比保姆用人强不了多少，即使换成个"美名"也是低级的工作，永远跟医生比不了……

钟茂芳很清楚，任何事物在萌芽之前，都是会有反对声音的，她不在乎别人的不理解，只要做护理的那些人能理解就够了。她始终坚信：护理事业是一份神圣而伟大的工作，那么必须有一个同样神圣而伟大的名字，才能配得起它！

1914年，是钟茂芳永远终生难忘的一年。那一年，上海召开第一次全国护理代表大会，在外籍护理一统天下的特殊环境中，来自全国8省21所公立与教会医院的护士代表共计24人，她竟然是唯一一位中国人。在会上，她所撰《护理会如何能协助中国》一文，被认为最具实际指导意义。她对中华护理会如何扩大工作范围、怎样提高护理程度提出许多独特的见解，她建议中国医学教育院校毕业的护理专业学生应一律加入中华护理会，每省应设一个护理分会；每年应选派优秀护理人员赴美深造；提高护理生入学程度……

钟茂芳对护理事业的独到见解和极度的热爱，受到与会代表极大的尊重，当选为中华护理会副会长。此外，她在会上郑重提议用"护士"二字替代"看护"之称，并阐述了极具说服力的理由：在中文里，"护"的意思是照顾、保护；"士"是指知识分子或学者。她认为从事护理事业的人应是有科学知识和有学识的人，应称为士。"护士"就是指受过专业教育、经批准的专业技术人员,具有较高的职业意识。将 nurse 译为"护士"既融合东西方含义,也准确表达了这一职业的文明与高尚,赋予护士尊重生命、护理生命的神圣职责。

如此智慧的解释,获得大家赞同,钟茂芳的提议被大会一致通过。从此,"护士"一词沿用至今已近百年;同时那次会上,她还将原来的"看护联合会"改名为"中国护士会"。

"护士"一词的使用,为中国护士在国际上赢得一定的荣誉和地位,为中国护理事业的发展做出了历史性贡献。

逐梦箴言

"人应当具有激情,但是也应当具有驾驭激情的本领。"钟茂芳女士用满腔的热情和智者的才华,赋予护士一个纯洁而神圣的名字,赋予中国护理事业一个崭新的起点。有人说,若想成为人群中的中坚力量,必须培养热情,让人们因你热诚的心灵而更加喜欢你,尊重你。记住:价值产生信念,信念产生热情,而热情则能征服世界!

知识链接

【近代中国最早公办护校】

天津北洋女医学堂是中国最早的公办护士学校,也就是今天的天津医学高等专科学校,成立于 1908 年 8 月。由中国第一位女留美学生金韵梅(亦称金雅梅)任堂长兼总教习,由中国第一位护理专业女留学生钟茂芳任看护教习。北洋女医学堂几经变迁,1949 年并入天津市护士学校,1998 年天津市护士学校与天津市职工医学院合并,重组转制为全日制医学高等学校。2002 年 3 月,建立天津医学高等专科学校。该校在中国护理职业教育发展进程中贡献非凡,开中国公办护理教育之先河,在中国职业教育初期土壤中植根,催生出多所护士助产职业学校,其后天津市多所公、私、教会办医院附设的护士助产职业学校先后建成。

【中医护理的相关知识】

中医护理是在中医基本理论指导下的护理工作。自古以来,中医治病多以个体行医为主,所以医和护常不分家,没有专职的护士,家属有时更多地担任着护士的角色。《黄帝内经》奠定了中医护理学的基础,是我国第一部医学典籍,基本观点有整体观、阴阳平衡观、邪正斗争观、重视预防观;基本学说有阴阳五行学说、藏象经络学说、病因病机学说、诊法治则学说等;同时论述了中医护理学的理论知识。《神农本草经》是我国现存最早的一部药物学重要典籍;汉代张仲景的《伤寒杂病论》开创了辨证施护的先河;东汉末期华佗仿虎、鹿、熊、猿、鸟等禽兽的动态,创作名为"五禽之戏"的体操,教导人们强身健体,是医疗体育的奠基人。

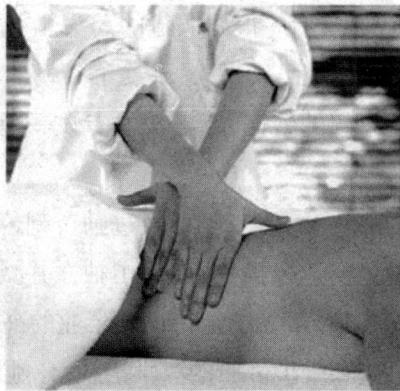

■ 热忱能发掘所有的美

1983年5月12日,红十字国际委员会发布第二十九次奖章颁发通告,授予中国优秀的护理工作者王琇瑛国际护士最高荣誉奖——南丁格尔奖章,这是新中国护理工作者首次荣获的最高荣誉。同时,她也是第一个获得英国皇家护理学院荣誉校友称号的护士。她的获奖激励了无数的护理人员,成为中国医护人员心中的榜样。

王琇瑛于1908年5月出生于北京,身为小学教员的父母给予她良好的启蒙教育。随着弟妹渐多,家里的负担越来越重,懂事的她自觉承担起照顾家庭和弟妹的责任,成为家里的顶梁柱。与此同时,王琇瑛还是一个品学兼优的学生,心里有一股不服输的劲头儿,尤其是妈妈那句"一定要用功读书,学一门技术,凡事不求人,不要手心朝上靠男人吃饭",让她突破当时重男轻女封建思想的禁锢,下定决心专攻一门技术,达到经济独立和人格的独立。

高中毕业的那年暑假,王琇瑛经过勤奋刻苦的学习,成功考取北京协和护校。如果说最初选择护校,是为了独立并减轻家庭的负担,那些随着大学时代的知识积累,激发了她对护理事业的高度热情。南丁格尔女士救死扶伤的动人事迹和维护健康的科学措施,让她认识到护理是一项科学技术工作;要维护人民健康、预防疾病,护理工作不应局限于医院而应走向社会;开展健康教育,提高人民健康水平,是达到民强国富的基本措施之一。她曾经这样在日记中写道:"在学习中,使我认识到人生的价值在于奉献。

护理专业确是救死扶伤、维护人类健康的一门应用科学,有着广阔的天地,使我找到终身为之奋斗的目标。刻苦攻读五年,顺利完成学业,我的心情达到前所未有的欣慰。"

从护校毕业后,在医院工作期间,王琇瑛发现内科病房中有半数以上是感冒、伤寒、疟疾、肺结核、皮肤病和性病等传染病的患者,使她认识到,在贫困的中国,必须把预防工作做在治病之前才是最大的节约。因此,她申请到协和医学院公共卫生教学区第一卫生事务所,去从事公共卫生护理和健康教育课程的教学工作。"病人无医,将陷于无望;病人无护,将陷于无助。"王琇瑛的这番话,曾激励着一个又一个护理人员勤奋工作,不让病人陷入无助的境地。

王琇瑛对护理事业有着炽热的情感,对祖国有着满腔热忱。早在大学期间,她就为多灾多难的祖国忧虑。1925 年五卅惨案发生后,日军炮轰我大沽口,贝满女中同学们心中的怒火再也按捺不住了,列队冲出校门,加入到全北京市学生游行示威的行列。王琇瑛的文字流露出当时的心情:"我时常对着美丽的秋海棠叶似的祖国地图发呆,我想学会一门本事,去救我们可爱的中国。"

1935 年,王琇瑛被学院保送去美国哥伦比亚大学师范学院护理系进修;留美期间,美国的种族歧视政策激发了她强烈的民族自尊心。她从不烫发、不跳舞、不化妆、不起英文名字,一直穿的是美丽大方的中国旗袍。虽然美国以物质文明著称,但她更怀念祖国的锦绣河山和祖国人民的纯朴感情,留美期间,她一直沉浸在所热爱的护理学业中,学习国外的先进理念和方法。她硕士毕业后,立即起程回到祖国。

北京和平解放不久,王琇瑛又接到了邀请她到英国留学的通知。这个时候,解放军已经接管协和医学院。看到解放军公布的"三大纪律八项注意"通告,学院各部门秩序井然,她深深地为解放军的纪律严明和作风过硬而感动。"我想中国刚刚解放不久,正是新旧交替的时候,我应留在国内更为重要,我还会有些帮助的。"那个时代的王琇瑛,放弃个人的物质生活,踏踏实实地留守在祖国,没有轰轰烈烈的誓言,没有英雄般的壮举,她默默地用自己朴素的情感、踏实的行动来挽救、建设自己的祖国。

在那个充满激情和富于奉献的年代,百业待兴,万象更新,王琇瑛把所有的热情和力量,都投入到新中国护理事业这个崭新而又广阔的舞台。她连续三届被推选为中华护理学会副理事长。在此期间,她以身作则,任劳任怨,出色地完成了各项工作。特别是在朝鲜战争爆发时,中国人民志愿军"雄赳赳、气昂昂,跨过鸭绿江",掀起了"抗美援朝、保家卫国"的热潮,王琇瑛代表中华护理学会组织了第一批抗美援朝护士教学队,她亲任队长,赴沈阳军区总医院培训了 50 名护士骨干,并到鸭绿江边考察战场救护工作,积极进行有效的指导……

王琇瑛不仅有着敏锐的洞察力,在方法上也应用了先进的技能。她关于护理学的无数个设想之一,就是想把健康教育纳入中小学以至大学系统的课程之中,想尽快把中国人民的身体素质变得体魄健强起来。为了这个梦想,1938 年,王琇瑛开始编写小学一到四年级的实用卫生试验教材,以讲故事、看图片的形式在学校内宣传卫生常识,一套共七册,在北京市西观音寺小学试用,收到了显著的效果。在今天看来,王琇瑛早在 70 年前就开始从事学校的健康教育工作,是具有跨越时代的先进理念。

自从 1961 年来到北京第二医学院,这里就成了王琇瑛的归宿。她为新中国的第一个护理系——北二医护理系的创办呕心沥血,在工作时间编制教学大纲,安排上课的内容,在下班时间为第一届护理系的学生补习英语,解答问题,消除各种各样的困惑;虽然第二届的护理系在文革中被停办,但是,她教书育人的精神,严谨而亲和的态度,对每个学生的影响是深刻而久远的。

老骥伏枥,志在千里。王琇瑛晚年的生活忙碌而充实,没有星期天,不过节假日,时常伏案工作到深夜;她参加组织中华护理学会的日常工作和学术活动,主编《家庭护理》,参与撰写《百科全书护理分册》,到全国许多省宣传护理工作的重要性。1990 年,首都医科大学再次筹办护理系,已是 82 岁高龄的王琇瑛依然神采奕奕地投入到工作中,在校外争取所有可以争取的力量:政策的支持、领导的关注、其他学校已经取得的经验等。为了办好护理系,王琇瑛不顾年事已高和身体虚弱,带领医护人员走访了各大医学院校,指导和帮助护理系顺利招生。热忱能发掘出所有的力和美,经历30年的风雨,当再次看到首医护理系的成立,再次将圣洁的燕帽授予未来的白衣天使,王琇瑛的脸上露出最欣慰的笑容。

磨砺人生,风雨百年,王琇瑛一生和中国近代发展史紧密联系,她为中国的护理事业鞠躬尽瘁,充满了热忱和信念,是值得追忆和缅怀的一生。她的生命已经远去,但她的精神永远长存;她一生未婚,却桃李满天下。我们正沿着她的足迹再接再厉,为中国护理事业创造更加明媚的春天。

逐梦箴言

"一个人若是没有热情,他将一事无成,而热情的基础正是责任心。"王琇瑛一生对工作、生活和学习怀着炽热的爱,有一种创造美好生活的强烈渴望,从而发掘出强大的征服世界的能量。她的心灵是纯洁美好的,像甘泉,像雨露,不仅滋润自身的语言、形象,而且也使周围一切沐浴美的光辉。拥有了热爱,就等于拥有美丽;拥有了智慧,就能创造美丽。

知识链接

南丁格尔奖

弗罗伦斯·南丁格尔已经成为一种人道主义精神。1907年国际红十字组织在第八届国际红十字大会上设立南丁格尔奖,1912年在华盛顿举行的第九届国际红十字大会上首次颁发。该奖是表彰在护理事业中做出卓越贡献人员的最高荣誉,每两年颁发一次,每次最多50名。南丁格尔奖章是镀银的,正面有弗罗伦斯·南丁格尔肖像及"纪念弗罗伦斯·南丁格尔,1820年—1910年"的字样;反面周圈刻有"永志人道慈悲之真谛"。同奖章一道颁发的还有一张羊皮纸印制的证书。

中国红十字会

1904 年成立,是从事人道主义工作的社会救助团体,是中华人民共和国统一的红十字组织,以弘扬"人道、博爱、奉献"的红十字精神,保护人的生命和健康,促进人类和平进步事业为宗旨。中国红十字会是国际红十字运动的重要成员,中国红十字总会在北京。目前,中国红十字会有 31 个省级分会、333 个地级分会、2 860 个县级分会,还有新疆建设兵团分会,铁路和商业系统红十字会,香港和澳门特别行政区红十字会,有 7 万个基层组织,团体会员单位 12 万个,志愿者 113.2 万人,会员总数 2 398 万人,其中青少年会员 1 549 万人。

王琇瑛

■ 把热忱变成温暖和力量

2003 年 8 月 5 日，在北京人民大会堂，52 岁的巴桑邓珠从胡锦涛主席手中接过国际护理界最高荣誉，真是激动万分。他从来没有想到，在从事护理工作 30 年之际，自己能创造出两项全国第一：第一个获得南丁格尔奖的男护士，第一个获得南丁格尔奖的藏族医务工作者。

"小时候，我做梦都想当一名医生。"须发已经斑白的巴桑邓珠说。1951年，巴桑邓珠出生在四川省甘孜藏族自治州康定县，那是格萨尔王的故乡，也是康巴藏区腹地。这里地广人稀，交通不便，过去医疗条件十分落后，医生历来是最受人们尊敬的职业。幼年时期的小山村，经济也相当落后，使巴桑邓珠过早地领略了生活的艰辛。都说父母是人生第一位老师，他的父母虽然是没有文化的农民，但经常教育巴桑邓珠："要多做好事，多做善事。有出息了，千万不要忘记家乡的父老乡亲，他们需要你的帮助。"

这些朴实的语言在巴桑邓珠的心里扎下了根。随着年龄的增长，他能帮家里干活了，也开始有了自己独立的思想和认识。每当看到当地的老百姓过着缺医少药的生活，他就特别难过，有的人不仅忍受着病痛折磨，最后甚至家里穷得揭不开锅，直到病死穷死……有几个跟他从小玩大的伙伴，就是因为遭遇了这样的变故，小小年纪便陷入困顿的生活。

年少的巴桑邓珠根本无力安慰自己的伙伴，曾经一度因此而郁郁寡欢。后来父母了解到儿子的心思，便鼓励他努力学习，将来把自己的日子过好，才有能力去帮助那些同伴。巴桑邓珠咬着下唇把眼泪咽了回去，暗暗告诉

我的未来不是梦

自己：长大后一定要当一名好"曼巴"（藏语：医生），为家乡的父老乡亲诊治疾病，为他们排忧解难。

1971 年，19 岁的巴桑邓珠带着幼年的梦想，走进甘孜州卫生学校。当时的情况是这样的：学生只能由学校分配专业，学生没有权利选择自己喜欢的专业，而他被分配到护理班学习护理。这样的分配结果是巴桑邓珠没料到的，极度的沮丧和苦闷迅速取代了接到录取通知书时的热情和激动，交相纠结。首先，他的理想是做医生（曼巴）而不是护士，在他的心目中医生才能真正救死扶伤；还有就是世俗观念上的不平衡，因为上世纪 70 年代的藏族地区，人们对护理专业持一种歧视和偏见的态度，认为护士工作是服侍人的，低人一等；更何况作为一名男子，怎么能做那样"不入流"的工作呢？

没有了先前的热情和兴趣，就等于失去了前进的动力，那么学也就变得没有必要了。于是巴桑邓珠想到了退学，打算将来再寻找机会，考自己喜爱的医生专业。卫校老师了解到这种情况后，一次次给他讲解护理工作在整个医疗工作中占据的重要地位，讲解作为一名护士所要具备的职业道德和优秀品质。

开始的时候，巴桑邓珠心里很抵触，根本听不进去任何劝说。不过，当"南丁格尔"四个字落进耳朵里，少年的心灵被深深震撼了——这位创立护理学的国际先驱，她所倡导的"人道、博爱、奉献"的精神打动了他，让他不相信那是真实的人物。老师告诉他，那是真实的，就是那样一位传奇女性，开拓了国际护理界的先河，她放弃贵族家庭的优裕生活，到战场上护理伤员，用自己的护理技术和爱心使伤员死亡率大大降低。医学无国界，医生和护士也没有等级的区别，同为医护工作者，需要的都是无私伟大的南丁格尔精神。

老师的话语，把少年巴桑邓珠的热情再次调动起来。是的，无论是男性还是女性，无论是医生和护士，都是为病人服务的，只是角度不同罢了。那么自己也可以像南丁格尔那样，投身于护理专业，做中国雪域高原上的"提灯女神"啊！从此以后，巴桑邓珠开始了护校的学习和生活，他克服语言的障碍,无论是在课堂上,还是在宿舍内、图书馆里,处处都留下他勤奋学习的身影。两年后巴桑邓珠以优异的成绩毕业,成为甘孜州人民医院的一名手术室护士。

回到家乡工作,巴桑邓珠一颗心仿佛找到了归属感,他要为家乡人民服务,让更多患者得到先进医学的护理。医院的医务人员中90%以上是汉族人,不懂藏语,而边远地区前来就医的农牧民又大多是藏族人,不懂汉语,因此,在诊疗过程中,医患之间无法进行语言交流。从当普通护士起,巴桑邓珠就在工作之余承担起了翻译工作;他在担任义务导医服务中,还把平时节省下来的薪水捐赠给那些贫困的农牧民患者。

甘孜州地处青藏高原东部边缘,平均海拔三千多米,环境恶劣,交通不便,生活艰苦。由于是一名男护士,"比较方便又有力气",巴桑成了甘孜州人民医院下乡时间最长的医护人员之一,常常在乡下一住就是半年。30年来,工作热情从未减少过,他跑遍全州18个县的角角落落,每一座大山、每一条大河,只要发生过疫情或灾害,都曾留下他的足迹。

工作这么多年,巴桑邓珠感触很深,医院中遇到背病人、帮病人翻身这样的体力活,男护士要更有优势一些;因此每当看到有男同事转行,他都特别惋惜。不过,做男护士也有尴尬的时候,在给一些女病人做术前准备或倒尿时,常常遭到拒绝甚至辱骂。可这时候他一点也不生气,耐心地给病人做思想工作:"在医院里,一切工作都是为了救治。跟害羞相比,健康和生命不是更重要吗!"

卓越的护理技术和无私的奉献精神,使巴桑成了雪域高原的"南丁格尔"。很多人记得,那是一个寒冷的冬天,一位藏族牧民患消化性溃疡大出血,住进了医院。由于走得匆忙,衣服穿得很少,病人在床上冻得口唇青紫。巴桑马上回家抱来崭新的毛毯,还带来糌粑、酥油给病人补身子。病人治愈出院时,感动得向巴桑叩头致谢。巴桑邓珠赶紧把病人扶起来,他需要的不是感恩,是人们都能健康快乐地生活。

很多人更记得,甘孜州发生罕见雪灾那年冬天,数以千计的牧民被困在牧场帐篷中,连马鞍都被烧了取暖,大量牲畜冻死,很多老乡鞋和脚冻得粘连在一起,脱都脱不下来。"那雪没过了马肚子,我都从来没有看见过。"巴桑邓珠至今回忆起来,依然感到十分震撼。就在这样的大雪中,他主动和同事深入到最偏远的石渠县长沙贡马乡,一个帐篷一个帐篷对冻伤人员展开救治,而他们在救治的过程中也被冻伤了。由于过度疲劳和严重体力透支,几次晕倒在现场,但他都始终坚守在自己的岗位上,直至全部救助工作结束。他要把自己的工作热情传递出去,让牧民在寒冷的冬天,也能感受到温暖和力量。

面对大家的赞誉和一个又一个荣誉,巴桑邓珠总是笑容满面而又谦逊地说:"我是一个藏族人民的儿子。我深深地热爱护理专业,热爱雪山草地,热爱生活在我们这个星球上的各族人民,所以,我做的一切都是应该的。"

逐梦箴言

"医生和护士,就像高原雄鹰的两个翅膀,缺一个都飞不起来。"巴桑邓珠这样形象地说。30年的护理工作征程既漫长又短暂,他把对甘孜州人民的爱心化为热忱和执着,于雪域高原上谱写"提灯女神"的绚丽篇章。在人生的征途上,每一个行进的足印都伴着一个梦,梦想不抛弃苦心追求的人,只要带着热情不懈地去追求,任何人都可以沐浴在梦想的光辉之中。

知识链接

中国男护士

我国新兴的一种职业。据卫生部注册护士信息数据库最新统计,截至 2010 年 5 月,我国的注册护士总量已达 218 万人,其中男护士为 2.1 万人,约占注册护士总数的 1%。很多发达国家的男护士比例超过了 10%。男护士正逐渐成为大医院护理队伍中不可或缺的一部分,如南京脑科医院病区护士长徐国彬,北京朝阳医院重症监护病房护士长杨磊等,与此相关联的一场观念改革也正悄然进行着。

【护理学和护理学专业】

以自然科学和社会科学理论为基础,研究维护、促进、恢复人类健康的护理理论、知识、技能及其发展规律的综合性应用科学。护理学包含了自然科学,如生物学、物理学、化学、解剖学、生理学等知识。护理学的四个基本概念是人、环境、健康、护理。

护理学专业主要学习相关的人文社会科学知识和医学基础、预防保健的基本理论知识,受到护理学的基本理论、基本知识和临床护理技能的基本训练;培养具备人文社会科学、医学、预防保健的基本知识及护理学的基本理论知识和技能,能在护理领域内从事临床护理、预防保健、护理管理、护理教学和护理科研的高级专门人才。主干学科包括护理学基础、护理学导论、内科护理学、外科护理学、儿科护理学和妇产科护理学。

知识链接

巴桑邓珠

我的未来不是梦

■ 用真诚架起无界之桥

1840 年的鸦片战争是中国近代史的开端,伴随着西方现代文明和先进的科学技术的不断传入,西方近代护理学开始传入中国,掀开了中国近代护理的新篇章。西方近代护理作为西方医学的组成部分,进入中国的最初形式是通过传教士开办医院,随着中国教会医院的增加,外国护士也随之来到中国。

信宝珠是美国基督教会卫理会妇女部派出的第一个资格完备的护士,1907 年从美国来到中国,当时中国还没有"护士"这个称谓。

到过许多城市,了解到中国护士学校的状况,信宝珠很是焦虑。她发现中国医院并不少,但护士学校不多;病人很多,却没有护士。人们的观念还很封建保守,认为照顾病人是苦力,是低级的工作,被人瞧不起。因此许多病人即使得到医生的及时治疗,却往往在护理中出现问题,造成一些不应该发生的后果,实在让人遗憾。

"医学无国界,热忱无国界,南丁格尔精神无国界",这句话在信宝珠身上得到充分体现和诠释。她就任中国福州马高爱医院护士长后,很心疼中国的病人,于是立即写信给中国医学会的秘书菲律普·高士兰医生,希望能帮助中国护理界打开一个新的局面。读着信宝珠感情真挚的文字,还有那列举出来的一个个数据,高士兰医生既欣赏她的责任心,又为中国护理界担忧。于是加入支持信宝珠的队伍,开始在福州创办护士学校。

中国第一所注册护士学校成立了,名字叫"佛罗伦萨·南丁格尔护士和助产士培训学校"，也就是今天福建省卫生职业技术学院前身。然而万事开头难，旧中国几千年来的旧观念，并不能在一朝一夕改变。学校费尽周折成立了，却招不到学生，这实在是信宝珠始料不及的。究其原因，主要还是那一个：照顾病人是低级的工作。如果不是迫不得已，没有人心甘情愿做"苦力"。

信宝珠并没有灰心，她怀着极大的热情四处奔走，为自己的学校招收学生。有的人根本不理解，不容她把招生简章介绍完，就无所谓地走开了。千辛万苦，最后总算有两个人肯报名，成为该校第一批学员。当时高士兰医生还很担忧，怕因为学生少而影响教学。没想到信宝珠面对仅有的两名学生，却热情高昂、一丝不苟地做授课讲习，并亲自带她们实践，终于让学生从一无所知，到以优异的成绩毕业，完成第一届教学任务。

这样的教学，无疑是一个活广告，很多持观望态度的人在信宝珠的再次劝说下，终于报名参加护校的学习了。随着学生队伍的壮大，护校逐渐步入正轨，由在外国取得专业学位的医生、护士担任教师，三年的国际护士课程后再加一年的产科课程学习，包括生理学、解剖学、按摩、保健学、营养学、家政学、英语等，每年培养几名至十几名护士。

可是毕业后，另一个问题接踵而来：由于观念保守，中国女护士不肯护理男病人！这在当时引起很大的讨论，有的人把责任归到中国女生的素质问题，有的人则直接批评说信宝珠的学校没有教导好。顶着重重压力，信宝珠依然没有气馁，她相信任何事都会有开头的那一天，只是迟早而已。于是她耐心地跟护士谈心，带动她们的工作热情，最后退而求其次——由外国籍女护士陪同中国女护士一起照顾男病人。

信宝珠把自己的热情和执着，一点点灌输给中国人，有越来越多的人认可她的理念，希望为病人做些事情。在她的努力下，中国注册护士学校以及培养护士人数逐年增加，把中国护理事业推到一个新的阶段。后来，信宝珠想到另一个更深远的问题，那就是集体和组织的力量永远是强大的，她希望中国护士能有一个自己的协会，将来与国际接轨。

就这样，信宝珠激情饱满地写了一封公开信，主张应该用新的方法来培养护士,使中国人逐渐认识到护理是一种高尚的工作;要使护理工作被越来越多的中国人接受,并号召成立护士组织。公开信发表后,中国护士界受到很大震动。高士兰医生全力支持中国护士应该创办自己的组织,发行自己的刊物,并从《博医会报》上,留出1~2页的篇幅作为护士进行交流的园地。

于是,信宝珠又把热情投入到筹备协会上来。1909年夏天,全国各地的外国护士在福建鼓浪屿召开会议,选出兼职的主席和秘书,中华护士会诞生了。不过协会成立之初,限于人力分散,且多是兼职人员,工作开展十分困难,信宝珠又连续几年在福州鼓岭组织召开筹备会议,国内许多地区纷纷响应,派代表参加了会议,讨论并制定了统一护士学校的课程、教科书来源、统一全国考试、学校注册、颁发毕业证书等事宜,并成立护士教育委员会等。

功夫不负有心人。1914年6月,中国护士协会第一届全国代表大会在上海成功召开,翻开了我国护理学历史的新篇章!更值得纪念的是,信宝珠曾经向她所属教会妇女组织申请,为中华护士会争得5600美元护士教育基金,让中国护士会的成立免去财物之忧。所以,她被尊称为"中国护士会之母"是当之无愧的。

逐梦箴言

"世上最重要的事,不在于我们在何处,而在于我们朝着什么方向走。"信宝珠身为一个外国人,用真诚、爱心和信心,为中国近代护理发展做出了不可磨灭的贡献,为中国护理与西方护理架起了一座无界之桥。每一个成功者都有一个开始。勇于开始,才能达到成功的未来;那么为未来做准备的最好方法,就是集中你所有智慧和所有的热忱,把今天做得尽善尽美,了无遗憾!

知识链接

中华护理学会（CNA）

成立于1909年，原为中国护士群众性学术团体，倡议人为美籍护士信宝珠，第一届会长盖仪贞。曾用名：中国护士会、中国看护组织联合会、中华护士会、中华护士学会、中国护士学会等。1964年更名为中华护理学会，为中国共产党领导下的护理科技工作者的学术性群众团体，是党联系广大护理工作者的纽带和桥梁。其宗旨是团结广大护理工作者，为繁荣和发展中国护理科学事业，促进护理科学技术的普及、推广和进步，保护人民健康服务。

医学

是处理人健康问题的一种科学，以治疗预防生理疾病和提高人体生理机体健康为目的。狭义的医学只是疾病的治疗和机体有效功能的极限恢复，广义的医学还包括中国养生学和由此衍生的西方的营养学。人类医学发展到21世纪的今天，主要形成了东方医学（中医、藏医、蒙医等世界传统医学）和西方医学（即西医）两大分支，二者在形式上的融合又形成了第三种医学——中西医结合医学。

● 智慧心语 ●

我们的激情实际上像火中的凤凰一样，当老的被焚化时，新的又立刻在它的灰烬中出生。

——歌 德

最好的劳动成果总是由头脑聪明并具有工作热情的人完成的，令人满意的产品往往是由充分发挥自己主观能动性的工作狂研发的。

——比尔·盖茨

坚定的信心，能使平凡的人们，做出惊人的事业。对于凌驾命运之上的人来说，信心就是生命的主宰。

——海伦·凯勒

凡事都要脚踏实地去做，不驰于空想，不骛于虚声，而惟以求真的态度作踏实的工夫。以此态度求学，则真理可明；以此态度做事，则功业可就。

——李大钊

第四章

爱心是一颗美德的火种

◦**导读**◦

　　莎士比亚说过："爱心不是出于勉强，它是像甘露一样从天上降下尘世；它不但给幸福于受施的人，也同样给幸福于施予的人。"爱心是一颗美德的火种。乘着温暖的风，微笑着播撒到每一个失意的角落，去绽放寒冷中那朵渴望春光的花蕾，去点亮黑夜里那簇期待燃烧的火焰，去唤醒战争中那只向往和平的白鸽。拥有爱是幸福，给予爱是快乐，让爱心带着你迈出第一步，那么你收获的，必将是一片爱的田园！

红丝带传递爱的真情

2005 年 5 月 12 日在北京地坛医院,王克荣眼含热泪,从马丁·哥顿先生手中接过"贝利·马丁奖"的证书。她是荣获此奖的第一位中国护士。而台下祝贺的人群中不仅有她的父母、丈夫、女儿,还有她的患者。"她是真正的天使。""有她我们就有希望!"——王克荣护理过的患者这样说。

王克荣 1963 年出生,从小就富有深深的同情心,小伙伴们有磕到碰到的时候,她总是第一个跑过去将对方扶起来,然后像母亲照顾她那样,小心翼翼地帮着对方检查伤口。周围的人都很喜欢她;她也用自己的微笑传递着一份善良和爱心。

从事护理事业是她从小的梦想,因为王克荣想帮助更多的人。父母一直鼓励她做个称职的护士。王克荣不负众望,参加工作后一直兢兢业业,任劳任怨,对待病人就像对待自己的亲人,经常收到患者的感谢信,也经常受到领导的表扬。但王克荣并没有因此而骄傲,她觉得照顾病人是护士的天职,一切都是应该做的。

1997 年 3 月,地坛医院开始重视对艾滋病的防治工作,多次研究决定对王克荣委以重任,从肝病病房调到感染科,专门负责艾滋病人的护理。这样的工作变动,王克荣的同事和家人都很紧张,也很害怕。中国在 1993 年才成立艾滋病防治协会,那时候的人们对艾滋病完全不了解,只知道很可怕,根本沾不得,简直到了"谈艾色变"的程度。

其实王克荣自己也很害怕,尤其是看到一些关于艾滋病的病例图片,更是内心充满担心与恐惧,甚至想过辞掉自己喜爱的护士工作,躲到一个安全的角落再也不出来。她不知道要如何面对那些可怕的病人,如何在那样"危险"的环境里做到不被感染,更不知道将来如何向别人介绍自己,一个艾滋病护士,会不会受到大家的排斥和疏离。

然而,恐惧之余,与生俱来的同情心又占了上风。如果选择离开,如果所有的医护人员都选择回避,那么患者怎么办? 世界上并不是第一天才有传染病的,之前到肝病区工作的时候,不也是时刻有被传染的可能吗? 还有早些年前的麻风病,虽然可怕,但总有预防和治疗的办法的。在成功找到治疗方法前,总需要有一部分工作者先站出来——那么她,又有什么理由拒绝这份工作呢?

强烈的爱心和责任心,让王克荣战胜了短暂的犹豫,很快投入到有关艾滋病的学习和工作中来。尤其是与病人相处久了,发现他们身上的闪光点,让她感动,更让她佩服。

王克荣护理的第一个艾滋病患者是山西的老李,因为烧伤,他的面部严重变形,令人害怕。第一次走进病房前,王克荣虽然做了充分的准备,可心还是提到了嗓子眼儿。后来听说:原来老李在一个炼钢厂工作,一次车间发生爆炸,为救同事,老李被烧伤,输入大量的血浆,后来发现感染了艾滋病。老李的事迹感动了王克荣,觉得他就是英雄,值得尊重,自己必须给予他最好的护理和照顾,才对得起这位英雄。

还有一位女艾滋病患者,因为亲朋好友的疏远,陷入极度的忧郁和孤独中,从来没有笑过。王克荣很心疼她,决定用自己的爱唤醒她的笑容,安慰那颗孤独的灵魂。因此每天做完治疗,王克荣就到病房陪病人聊天,令这位病人感到了前所未有的温暖。她给王克荣讲述了自己的往事,还托王克荣给自己带报纸,开始关注病房外的世界。在王克荣的关爱和护理下,女病人在临终前非常平静,并要求医院留下她的遗体以供医学研究,回报社会。

还有一位病人叫小贾,一张 HIV 阳性确诊单,粉碎了小贾将为人母的幸福。带着恐惧和茫然,小两口在当地疾控中心的帮助下找到了王克荣。

面对绝望的小贾，王克荣一面安慰她，一面与同事研究，制定了个性化的母婴阻断干预方案，并对小贾提供了生理、心理、社会等方面的整体护理支持。孩子顺利出世后 13 个月，王克荣联系地坛医院研究所进行病毒载量监测，结果显示孩子健康。小贾一家感恩戴德，王克荣再一次感受到奉献爱心的快乐。

由于王克荣对工作的高度负责，被选派到英国进行艾滋病护理方面的进修学习，使她的理论水平得到了提高。再加上在工作中注意总结经验，同时借鉴国外的护理经验，王克荣成功创造了适合我国文化背景下的艾滋病护理模式，即生理支持监测——心理情感支持——社区关怀管理。护士在承担治疗任务的同时，还履行教育、管理、咨询、培训等职责，成为密切联系医师、药师、心理咨询师和社会志愿者的核心。在这种护理模式下，艾滋病患者在接受治疗的同时，还可以在心理支持、药物使用、家庭护理、社会救助、同伴教育等多个方面得到帮助。

2002 年 8 月，医院"红丝带之家"在河南商丘的某村建立一个医疗点。村里有 3000 多人，其中三分之一的村民卖血感染了艾滋病。两年时间 130 多人被夺去了生命，100 多个孩子成了孤儿。那里条件艰苦，各种矛盾错综复杂，危险随时有可能发生。谁第一批进村，大家都在看着党员、干部。

"情为民所系，利为民所谋。我是护士长、共产党员，我去！"王克荣作为第一批医疗组成员来到村里。通过努力，逐渐得到了村民的信任和支持。为了不耽误医院正常的医疗工作，王克荣和同事们周五走，周日晚上回，周一正常上班，有时任务急，经常是在一个月的时间里，跑两趟河南。

但是在第八次去执行抽血任务时，一件意想不到的事情发生了：抽血刚开始，突然上百人把工作人员团团围住，村民们以为只要抽了血就能够得到免费药物，这是一次求生的机会。前边的人采了血要出去，被后来拼命向前冲的人堵住，有的人索性砸碎玻璃，破窗而入。

"我们面前，是黑压压一片满怀治疗渴望的艾滋病患者；我们的手里，是一针见血的注射器；我们的身后，是刚刚抽取的含有大量艾滋病毒的血样，可以说危机四伏、一触即发，我们处在随时感染艾滋病的危险之中。终止抽血只会带来更大的混乱。我们不得不另设一个抽血点、分散人流。"三个多小时的紧张工作总算有惊无险,完成了任务,一位同事立即拿上血样赶夜车回京送检。

大家深深地透了口气,准备回住地休息。汽车刚刚起步,突然一个黑影窜到车前,司机一个急刹车,车祸避免了,可黑影并没有要起来的意思。原来这是一位老大爷,他要求必须给他采血,否则,今天就躺在这儿不走了。几番劝阻老人仍然卧地不起。王克荣马上决定,满足老人的愿望,追上送血的同事。血抽好了,可老天偏偏在此时飘起了鹅毛大雪,本来前一场的大雪就让路面十分泥泞,这回车子在黄泥地里"翻浆"。颠簸百余里地,总算赶到了火车站,追上了送血样的同事。等回到驻地,已经是次日凌晨。

在短短的 14 个月时间里,王克荣和农民建立了深厚的友谊。在"红丝带之家"的帮助下,患病的村民得到及时有效的救治,信心倍增,当年死亡人数就下降到 4 人。

对艾滋病患者寄予深深同情的王克荣,总是想方设法为病人提供最大的方便。她将自己的手机号码留给患者,让他们有困难时能在第一时间找到她。一天深夜,被短信铃声吵醒的王克荣,拿起手机一看吓了一跳,患者小周告诉她:"我心慌、气短、出冷汗,看来是快不行了,发短信与您道个别。"王克荣马上回复:"别慌,有我呢。"根据小周的陈诉,判断可能是低血糖,王克荣赶紧又发过去一条:"你按我说的去做,先喝杯糖水。"就这样,在她的帮助和指导下,小周的症状慢慢得以缓解。

王克荣的手机不光为患者开通,也成了患者家属的服务热线。老许因同性恋感染艾滋病,妻子在送他住院的路上才知情。相爱多年的丈夫不但得了艾滋病,而且是因性取向而感染的。这对妻子的打击很大。老许和妻子经常在电话里痛苦地向王克荣倾诉,她则用真情和知识帮他们解开了一个又一个心结。后来,老许走出心理阴影,他的妻子也逐渐接受、包容丈夫。后来两人和睦相处,孩子也成为大学生。

在病人的眼里,王克荣是体贴的大姐,是可以交心的朋友。有一天,"红丝带之家"搞活动,中午吃饭了,一位患者发现自己的饭盒里有肉,就说:"护士长,我不吃肉。"王克荣非常自然地从患者的饭盒里把肉夹到自己的饭盒里。患者当时愣了,因为这样的举动,只有家人或者关系非常好的朋友,才能做到这样……

爱心,其实就是一个关怀的眼神,一个简单的动作。王克荣想用自己的行动告诉大家,懂得预防并加以注意,是不会轻易被传染艾滋病的。她进大学、走社区、上山西、下广州、去泰国,传授艾滋病防治知识,消除人们对艾滋病患者的歧视。就这样,在王克荣与同事们共同努力下,"红丝带之家"志愿者队伍从几十人扩大到两万人。

质朴与爱心,让王克荣最终赢得患者的信任和无数人的爱戴。祝愿她的"红丝带"能把大爱传递到更多的地方,飘过大海,飘过心海,飘向未来!

逐梦箴言

"爱都可带美梦飞,围着是我暖和手臂,要撑起并未孤单的你,这点爱在大同世界点起,再无歧视或舍弃;真的爱在大同世界点起,愿望延续出希冀,红丝带给你,再为你打气。"这首广为传唱的歌曲《红丝带》,也正诠释着艾滋病工作者王克荣多年来的心声。人世间总会有许多风雨,面对疾病请不要恐惧,只要积聚知识和能量,一定能战胜危难,让生命停泊在爱的港湾!

知识链接

贝利·马丁基金会

1996 年,贝利·陈因为感染艾滋病英年早逝,其丈夫英国银行家、原瑞银华宝副主席、不列颠帝国勋章获得者马丁·哥顿先生,在万分悲痛之余决定拿出部分个人积蓄,在英国创办一个以夫妻俩名字命名的基金会。基金会每年颁发数额不等的奖金（贝利·马丁奖），以表彰在中国为艾滋病教育、预防、治疗和关怀艾滋病患者做出突出贡献的医务工作者或医疗机构，建立一座连接英国和中国的桥梁，帮助中国的艾滋病防治工作。马丁·哥顿先生获得中国政府2011年度国家"友谊奖"。

艾滋病

即获得性免疫缺陷综合征。1981年美国首次发现并确认，英文名简称 AIDS。是人类因为感染免疫缺陷病毒（简称 HIV）后导致免疫缺陷，并发一系列机会性感染及肿瘤，严重者可导致死亡的综合征。艾滋病成为严重威胁世界人民健康的公共卫生问题。目前，艾滋病已经从一种致死性疾病变为一种可控的慢性病。世界卫生组织于1988年将每年的12月1日定为世界艾滋病日，号召世界各国和国际组织在这一天举办相关活动，宣传和普及预防艾滋病的知识。2012年的主题是倡议治疗与预防同步。

红丝带

红丝带是对 HIV 和艾滋病认识的国际符号，1991年在美国纽约第一次出现。它代表了关心，关心那些活着的 HIV 感染者，关心那些已经死去的病人，关心那些受艾滋病影响的人。红丝带愿意成为一种希望的象征，象征疫苗的研究和治疗感染者的成功，象征 HIV 感染者生活质量的提高。红丝带代表着一种支持，支持 HIV 感染者，支持对未感染者的继续教育，支持尽全力去寻找有效的治疗方法、疫苗，支持那些因艾滋病失去至爱亲朋的人。此后几年的奥斯卡和"托尼奖"颁奖典礼上，所有明星几乎都戴着这个标志。

中国红丝带(CRR)

起源于2002年开始的艾滋孤儿救助行动论坛，由各地爱心人士自愿发起，于2004年筹备，2005年初正式成立，作为一个以自愿、平等的方式结合起来的非政府、非宗教的民间公益组织，中华红丝带致力于通过网络社会和现实社会的互动，倡导公民意识，推广社会服务理念，使更多公众认识 AIDS。

■ 桑榆晚霞处处情

　　在江西南昌，有这样一位 80 多岁的老人，她组织 17 名退休护士成立"江西红十字志愿护理服务中心"，12 年间发展到 3 500 多人的爱心奉献团队，先后为 120 多个社区的 50 余万人提供爱心服务。这位老人叫章金媛，南丁格尔奖章获得者。章金媛和她的爱心奉献团队，让鳏寡孤独者脱离孤单寂寞，让病痛残疾者重燃生活希望，书写出令人惊叹的传奇。

　　"我给自己定的目标是工作到 100 岁，在社区护理岗位上再奋斗 20 年！"章金媛依然拥有敏捷的思维和坚定的眼神，依然抱有这样的雄心壮志，"如果有一天，我离开了这个世界，可以自豪地说，我做了一辈子的护士，我把心给了这片土地，把所有的爱都投在了这里。我不会停下来，我一生的足迹都是为了追随南丁格尔。"

　　作为江西省第一位，也是目前唯一一位南丁格尔奖获得者，章金媛在60 年的护理生涯中，没有轰轰烈烈的大事，只有平凡工作中的真诚服务。其实，章金媛的爱心奉献，早在上个世纪就已经开始，她同南丁格尔有着同样的出身，也是一位出身名门的千金小姐，早年从江西迁居香港过着富足的生活。1949 年，得知新中国护士资源相当缺乏之后，她说服丈夫放弃香港优越条件，带着年仅 6 个月的儿子回到南昌第一医院，从此之后就再也没有离开过护理工作。

　　在很多人眼里，护理工作是没有改革创新的，只要用心就能摸索发现新的规律。20 世纪 70 年代末，章金媛已经是一名有 20 多年丰富经验的老护理工作者,但一次给病人换被单的经历,让她开始研究突破基础护理的旧有模式。

"每次在给病人换被单时,就会发现他们都离开自己的床位,跑到门外。后来我才知道,他们是为了避开换被套时扬起的灰尘。"章金媛看到这个现象后,回家开始抱起被子反复练习。正是因为这份"好奇",章金媛运用运筹学、人体平衡学、美学等原理,创新出节力铺床法、内折叠拆铺床法,至今仍在临床沿用。见到输液病人上卫生间去"方便"时,需要陪护高高地举着输液瓶,否则就会有血液回流的危险,有时陪护还会碰上"男女有别"的尴尬,章金媛便指导护士们成功设计出了"移动背负输液架",解决了患者的这个大难题。

对于护理这个舞台,章金媛倍感珍惜。她认为要做好护理工作,就要像南丁格尔那样,不怕脏不怕累,将最无私的爱奉献给处在痛苦中的患者。她认为护士只是一种职业,但是应该将这种职业当成一种事业。只有将工作当成一种事业,才会用心、用爱去经营,才会把护理事业当成一生的追求。

章金媛退休后,本该颐养天年的时光,却变成了她新的起点。直到2000年,一个埋在心头50年的梦想,她希望能够在接下来的日子变成现实。16名退休护士在章金媛的带领下,组成了章金媛爱心奉献团,不论是刮风下雨,还是寒冬盛夏,每个星期六,都会雷打不动地提供志愿服务。她们背着药箱,挤公交,爬楼梯,拖着她们特有的工具箱,奔赴南昌各个社区、医院和福利机构,开展社区居家养老、病人和老人的临终关怀、关爱留守儿童等公益活动。

最初上门服务不被居民理解,甚至被驱赶;现在,她们已经走进居民心中。在上门服务的过程中,她们不断规范志愿护理工作,为孤寡老人、残疾人、精神病人及慢性病患者建立了健康档案,定期为他们体检、咨询、送医送药,并按社区居民疾病谱的排列,确定主要保健与护理的重点,为家庭保健规范服务打下了良好的基础。她们用爱心、技能,赢得群众的交口称赞。

2001年,被亲情伤害的南昌北湖社区居民梁甫章,绝望地从15楼一纵而下,导致骨盆上端骨折,脚踝骨成了碎渣。后来,梁甫章拖着手术后一身钢板的残躯,在床上瘫了两年,左边是屎尿盆,右边是饭盆,一米七五的汉子瘦得只剩 80 来斤。听说梁甫章的情况后,章金媛爱心奉献团走进了梁家。这是一个特殊的病人,需要制订特别的护理方案:先进行心理疏导,帮助病人树立活下去的信念;然后利用专业护理知识为他全身按摩,疏通经络,打通血脉。

章金媛和几位老人风雨无阻,每周固定去梁甫章家里,为他按摩和谈心。2008 年年初,南方发生雨雪冰冻灾害。梁甫章粉碎性骨折的脚踝无法动弹,这样的脚血脉不通极易冻伤。老人们一针一线地为梁甫章织了一双厚厚的毛线袜。那个极寒的冬天,梁甫章的脚被温暖的毛线袜包裹,居然没有生冻疮。爱心奉献团老人无微不至的关爱,让梁甫章"像看到曙光一样,产生了强烈的求生欲望"。他克服无法形容的疼痛,积极配合爱心奉献团的护理。一个月后,他已能离床站起来,连医生都说是奇迹。

梁甫章被触动了,原来生命还可以这样奉献和获得快乐。他渴望像爱心奉献团的志愿者一样,尽己所能回报社会。2004 年,他拄着拐杖参加了爱心奉献团,还成了一名造血干细胞的捐献者;2007 年,他成为江西第一批遗体、器官志愿捐献者。梁甫章说,他从来没有像现在这样热爱生命,从来没有像现在这样身心愉悦。

12 年来,像梁甫章这样获得关爱护理的人,数不胜数。章金媛爱心奉献团也由原来的单一上门护理老人、服务病人,增加到现在为民众保健、救护、助残等 72 项综合服务。

2003 年 8 月 5 日下午 3 时,第 39 届南丁格尔奖章颁奖大会在北京人民大会堂隆重举行。江西省首位南丁格尔奖章获得者章金媛说:她会继续走下去,让爱心像火种一样,照亮更多人的心灵。

逐梦箴言

"莫道桑榆晚,微霞尚满天。"爱是心灵的开放,爱是推动世界运行的力量。文中的章金媛女士一生追随南丁格尔的足迹,用"夕阳晚照"赋予爱宝贵的形式——那就是无私的奉献。她的团队热爱公益事业,践行南丁格尔精神,志愿的双手撑起一片又一片博爱的天空。要让阳光照到别人的心里,先得自己心里有阳光。如果你愿意,那么你也可以"爱心出动,去温暖每个春夏秋冬"!

知识链接

志愿者

联合国将其定义为"不以利益、金钱、扬名为目的,而是为了近邻乃至世界进行贡献活动者",指在不为任何物质报酬的情况下,能够主动承担社会责任而不关心报酬奉献个人的时间及精神的人。志愿者也叫义工、义务工作者或志工。他们致力于免费、无偿地为社会进步贡献自己的力量。志愿精神是一种利他主义和慈善主义的精神,指的是个人或团体,依其自由意志与兴趣,本着协助他人改善社会的宗旨,不求私利与报酬的社会理念。

临终关怀

始于英国的圣克里斯多费医院,80年代引入中国。并非是一种治愈疗法,而是一种专注于患者在将要逝世前的几个星期甚至几个月的时间内,减轻其疾病的症状、延缓疾病发展的医疗护理。临终关怀是近代医学领域中新兴的一门边缘性交叉学科,是社会的需求和人类文明发展的标志。包括身关怀、心关怀和道业关怀(或灵性关怀)。目标是提高患者的生命质量,通过消除或减轻病痛与其他生理症状,排解心理问题和精神烦恐,令病人内心宁静地面对死亡。同时,还能够帮助病患家人承担一些劳累与压力。

留守儿童

　　留守儿童是指父母双方或一方外出到城市打工，而自己留在农村生活的孩子们；包括内地城市，也有父母双双外出去繁华都市打工。这些本应是父母掌上明珠的儿童，集中起来便成了一个特殊的弱势群体——留守儿童。他们一般与自己父母中的一人，或者与上辈亲人，甚至父母亲的其他亲戚、朋友一起生活。存在着心理问题、生活问题、教育问题和关爱不足问题。

■ 爱心在平凡中微笑

2008 年 8 月 6 日下午 4 点,作为北京市卫生系统的一位奥运火炬手,北京佑安医院的护士刘卉胸前佩戴着象征关爱艾滋病患者和感染者的红丝带,代表白衣天使手持熊熊燃烧的奥运圣火,开始了她的奥运火炬传递之旅。在这次难忘经历中,刘卉说得最多的一句就是:"我是一位传染病医院的护士,从事艾滋病的防治工作,我要让红丝带与奥运圣火同行。"

25 岁的刘卉是一位平凡而又幸运的女孩,大大的眼睛,喜欢笑。她从小的梦想是当一名画家,用梦想的笔勾勒画卷;可是长大后,却毅然选择了护理专业,用爱心涂染生活的篇章。生活中的刘卉是个简单爱玩的女孩儿,像其他北京的女孩儿一样,她也会喜欢逛逛街,看看电影,但更多的时候,喜欢"趴"到志愿者堆儿里去,做一些能够帮助别人的事。

在谈到自己的工作时,刘卉说自己最感谢的就是家人。因为对于这份护理艾滋病人的工作,很多人并不理解,但她的家人一直在默默地支持她,帮助她。这也是她工作动力的来源之一。工作中,她用平等的心对待病人,又从病人信任的眼神中获得自信;她的热情与爱心感染了很多人,以至于与明星韩庚不分上下,她的"粉丝"也同样遍布全国各地。

北京佑安医院"爱心家园",是中国第一家关爱艾滋病感染者和患者的非政府组织。在这里,艾滋病人们生活在一个理性、平静的环境之中。刘卉的工作是对艾滋病感染者进行日常护理,心理干预,同时还为"爱心家园"的志愿者进行培训。这份工作决定了她接触最多的就是艾滋病人。面对担忧与疑虑,刘卉没有感到害怕,她说:"害怕艾滋病人是因为不了解艾滋病,其实它并没有想象中那么可怕。艾滋病人需要同情和尊重。有些感染者是同性恋,他们可能连同性恋这个身份都不能认同,再加上艾滋病,他们心理承受着难以想象的压力。社会如果再歧视他们,他们的处境可想而知。"

刘卉像朋友一样对待她的病人,常常找他们聊天,了解他们的心理情况。她也乐于当一位倾听者,分担他们的痛苦。刘卉与感染者一起参加"爱心家园"的活动时,和他们打成一片,没有距离。吃饭时,刘卉看到感染者碗里有她喜欢吃的东西,还会调皮地夹进自己的碗里。"他们叫我感染者,说我是精神上的感染者。"刘卉笑着说。

刘卉小小年纪,却有过战斗在"非典"第一线的经历,那是 2003 年"特殊"时期,佑安医院感染科是专收非典病人的地方。刚从事 3 年的护士工作,王卉既紧张又焦虑。在被封闭的宿舍里,8 个姐妹中有 3 个被感染了,这让刘卉心里压力非常大,造成内分泌失调,经期紊乱,胳膊上还起了皮疹。但王卉仍坚守在自己的工作岗位上,总觉得那是她的职责所在,她作为一名医护人员,有责任陪患者坚持到最后。

与"非典"战斗的特殊经历,让刘卉的心灵受到一次前所未有的洗礼,她以极大的热情投入到志愿者的行列,希望能帮助更多需要帮助的人。这也让她在汶川发生大地震后,主动要求加入支援四川的队伍,在灾区工作一个月。灾区的工作很辛苦,但是看到那么多人无家可归,心里非常不好受。一个月的支援工作给刘卉的心理又带来了一次震撼,让这个看起来无忧无虑的女孩儿,多了一份成熟和对生命的深度思考。

后来,刘卉成为联合国儿童基金会"携手儿童青少年——携手抗击艾滋病"爱心大使,其职责是向广大青少年推广宣传艾滋病知识。之所以担任爱心大使,是在跟艾滋病患者近距离接触时,拥有比较丰富的经验和个案,由此也掌握了很多防治艾滋病的知识,她想把这些知识传播出去。刘卉多次随基金会进入校园,举办大型讲座,使更多的人正确认识艾滋病。

"赠人玫瑰,手有余香。"能当选为北京奥运会火炬手,刘卉说是她的幸运,其实严格意义上说,是她的爱心得到了回报,赢得了大家的支持。那是

2006年4月,她在网上提交了争当奥运火炬手的申请,想通过自己的努力,让更多的人了解艾滋病、关爱艾滋病人。随后,刘卉入选前20名火炬手的事很快传遍了爱心家园,家园里的所有人士,尤其是众多的艾滋病患者和感染者,包括他们的亲属都全力支持,纷纷在网上为刘卉投票。医院的领导和同事得知此事也都异常兴奋,支持刘卉的队伍不断扩大。"众人拾柴火焰高",刘卉的票数在候选者中名列前茅。

当选拔进入最后一关时,站在演讲台上的刘卉胸前佩戴着爱心家园的红丝带、爱心大使的红蓝丝带,还有艾滋病感染者手工编织的红丝带,讲述了3个红丝带的故事,那是她和她的同行们为护理艾滋病患者、感染者,以及传播预防艾滋病知识的各种感人经历。演讲赢得了台下的阵阵掌声,最终刘卉光荣地当选为一名奥运火炬手——曾经遥不可及的梦想成为现实。

在圣火传递的同时,北京佑安医院也组成了50余人的拉拉队,为刘卉及其他奥运火炬手呐喊助威。他们身着白衣,头带燕帽,手持国旗、院旗和奥运旗帜,高喊"互佑平安、健康奥运、振兴中华"的口号,表达了首都医务工作者的爱心和信心。

刘卉常说,她做的只不过是一些力所能及的公益事业,比如参加动感地带的环保活动;发宣传册和活力腕带;参加急救中心组织的志愿为市民体检;去敬老院和古稀老人联欢,等等。所以,她还是那个平凡而普通的小护士,她的心愿还是用自己的爱心,去帮助需要帮助的人。

逐梦箴言

"平凡中孕育着伟大。世界就是由无数平凡人依靠平凡的劳动者创造的。"年轻的护士刘卉从平凡处来,在细小的点滴中倾注了一个志愿者的热忱,传递的是爱心,是活力,是阳光,是希望。所有伟大的生平都含有平凡的片断,不以小事为轻,而后可以做大事。如今,刘卉已经不是一个人在努力,她的事迹鼓励了更多的年轻人,如同奥运圣火一样燃烧不息!

知识链接

中国青年志愿者协会

成立于 1994 年 12 月 5 日，是由志愿从事社会公益事业与社会保障事业的各界青年组成的全国性社会团体，是中国共产主义青年团中央指导下的，由依法成立的省、自治区、直辖市青年志愿者组织和全国性的专业、行业青年志愿者组织和个人自愿结成的全国性的非营利性社会组织，是全国青联团体会员，联合国国际志愿服务协调委员会联席会员组织。该协会在宪法和法律的范围内开展工作，奉行"奉献、友爱、互助、进步"的准则。第一位军人形象大使是第 38 届南丁格尔奖章得主王雅屏护士。

奥运会火炬手

在奥林匹克运动会火炬传递接力活动中，负责传递奥林匹克圣火、传递奥林匹克理想的人员。选拔标准必须体现奥林匹克"希望、梦想和激励、友谊和公平竞争、奋斗为乐"的普遍价值，体现奥运会和火炬接力的主题。北京 2008 奥运会圣火是由体操王子李宁点燃的。

历史上火炬手之最

第一位火炬手:1936 年柏林，中长跑选手弗里茨·施林根；第一位女性选手:1968 年墨西哥城，女子 80 米栏选手诺马·巴西里奥；第一位非田径运动员:1980 年莫斯科，篮球选手谢尔盖·别洛夫；第一位残疾选手:1992 年巴塞罗那，轮椅射箭选手安东尼奥·雷波洛；第一位非运动员:1964 年东京，早稻田大学的阪井义则；年龄最大的选手:1952 年赫尔辛基，两名芬兰长跑选手 55 岁的努尔米和 64 岁的科勒曼宁；第一次非单人点燃火炬:1976 年蒙特利尔，借助人造卫星点燃；第一次运动员和非运动员组合点燃:汉城(首尔)，小学教师郑善万、马拉松选手金元卓和舞蹈演员孙美廷三位一体。

我的未来不是梦

智慧心语

人的美德的荣誉比他财富的荣誉不知大多少倍。

——达·芬奇

一朵鲜花打扮不出美丽的春天,众人才能移山填海。

——雷锋

使一个人的有限生命更加有效,即等于延长了人的生命。

——鲁迅

爱是不会老的,它留着的是永恒的火焰与不灭的光辉;世界的存在,就以它为养料。

——左拉

一个人有再大的权力、再多的财富、再高的智慧,如果没有学会去关心别人、去爱别人,那他的生命还有多少意义呢?

——温世仁

第五章

坚强是一首永恒的绝唱

◦导读◦

“君不见长松卧壑困风霜,时来屹立扶是堂。”生活就像海洋,只有意志坚强的人,才能到达彼岸。坚强是指心理承受能力强,在遇到艰难险阻时,会勇敢面对,勇于战胜,不沮丧,不放弃,永远不灰心。有了坚强的意志,就等于给双脚增添了跨越艰难的力量;有了坚强的意志,就等于给心灵插上了会飞的翅膀!

母仪天下的人间童话

　　在泰国,有一座"人间仙境"皇太后花园,是源于一个人而建的;在泰国,有一个奖项叫"皇太后基金奖",是专门表彰在护理事业中做出杰出贡献的人的。那么这位在泰国享有极高声望的皇太后,就是现任国王普密蓬·阿杜德的母亲诗纳卡琳,一位富有传奇色彩的女子。尽管她离世已有十余年,但依旧被泰国人民深切地怀念着,她的画像也依旧被供奉在各主要路段和百姓家中。

　　1900 年 10 月 21 日, 诗纳卡琳出生在泰国暖武里府一个普通金匠家中,闺名"珊婉"。她从小不仅长得漂亮,而且聪明懂事,极富同情心,跟周围的小朋友相处很融洽,大家都很喜欢她。有一次,一个小朋友不小心手指划破,流了好多血,一时又找不到纱布,小朋友疼得直哭。诗纳卡琳赶紧拿出自己的手帕,帮对方包扎上,然后又陪她去看医生。那块手帕,是前几天生日时妈妈送给她的新礼物,她一直宝贝般放在包里,舍不得用,但为了小朋友,她一点也不后悔。

　　童年的生活虽然不太富裕,但因为有父母的爱,小诗纳卡琳生活得很快乐。可惜命运就是如此多变,在她 9 岁那年,父亲去世了,抛下她跟母亲相依为命。那是她第一次经历生离死别。死亡的概念,在父亲咽下最后一口气的时候,那么犀利地触及了小诗纳卡琳的神经,让她久久不能忘记那极度的痛楚。有无数个夜晚,她从睡梦中惊醒,看到母亲在父亲的遗像前啜泣,叨念着一句话:"你为什么要扔下我不管啊,为什么?"

有时候,小诗纳卡琳会立刻跑过去帮妈妈擦干眼泪,然后告诉母亲别怕,自己会管她的;更多的时候,小诗纳卡琳则不去打扰母亲,只是躲在被子里暗暗对天堂的父亲承诺:自己一定要好好学习,长大后照顾好母亲,父亲放心吧!

从此后,小诗纳卡琳像突然长大了似的,努力学习的同时,还尽量帮母亲做家务;尤其是母亲偶尔生病的时候,她更显出女孩细腻的天性,烧水送药帮母捶背揉肩,无微不至。母亲很欣慰,逐渐走出失去丈夫的阴影,一点点露出笑容。望着母亲的微笑,小诗纳卡琳心里乐开了花,突然产生了一个愿望,将来就做一名优秀的护士吧,让更多病人像母亲一样微笑。

13岁时,她到诗里叻助产与护士学校学习,16岁顺利毕业。在护校中,小诗纳卡琳不仅成绩优异,而且越来越显现出女性聪慧、善良的本性。老师们都很欣赏她,觉得她在护理方面有独特的天赋和见解,更重要的是拥有一颗坚韧的爱心,于是为她争取到沙旺瓦陀纳女亲王奖学金,赴美国修读护士科,希望将来小诗纳卡琳学有所成,为泰国护理事业做出贡献。

这段留学经历像一个红娘,促成了诗纳卡琳与当时泰国王子玛希隆一见钟情。但是,诗纳卡琳非常有自知之明,认为自己是一个平民的女儿,根本不应该奢望童话里才有的爱情。她只想好好读书,回国后做称职的护士。

但是,玛希隆坚持要把童话变成现实,让她做他一生的专职护士。1920年9月,将满20岁的诗纳卡琳同玛希隆王子在莎巴吞宫举行婚礼,变成了幸福的灰姑娘。那一段时间,她一直不相信是真的,甚至婚后被封为女亲王,她也不相信。直到1923年大女儿在伦敦出生,诗纳卡琳才感受到童话就在自己身边。

后来,两个儿子又相继出世,一家五口享受着天伦之乐。诗纳卡琳虽然没有去医院做真正的护士,却亲自照顾一家人的健康问题,那时候她的愿望跟所有为人妻为人母的女子一样,只要自己的爱人和孩子都平安健康就足矣。

然而命运再一次把不幸降临到诗纳卡琳的头上——在她29岁的时候,玛希隆王子患病。她在床边夜以继日地护理和照顾,虽然没能挽留住丈夫的生命,却让他减轻了很多痛苦,也感受到了临终前的那种安静和幸福。

丈夫走了,仿佛带走了所有的快乐,诗纳卡琳望着丈夫的遗像,终于彻底领悟到母亲当初的心情。她不能在孩子们面前流泪,因为三个孩子还年幼,不应该像自己童年那年承受太多的负荷。那么为了孩子们,诗纳卡琳只能把撕心裂肺的伤痛压在心底,然后以 29 岁的肩膀,承担起三个孩子的父亲和母亲的双重任务。

为了培养孩子坚韧正直的品格,诗纳卡琳离开养尊处优的皇族生活,移居瑞士洛桑,让孩子们在那里接受到良好的教育。首先,一家人都过着简朴的生活,孩子每天跟其他学生一样,骑着自行车去上课,不许特殊化;诗纳卡琳自己照料他们的饮食卫生问题,做三个孩子的保健医。并注重在思想和精神层面做引导,鼓励三位年轻的王室成员,从小学会自强自立、遵守纪律以及有爱心、帮助困难的人们。这些最后都成为强大有力的优点。

日子在平静中度过,诗纳卡琳希望孩子们能永远这样无忧无虑地成长,远离政权与世俗的纷争。然而,树欲静而风不止,很多事情并不是她能控制的,至少在那个时候。

那是 1935 年,泰国节基王朝七世皇拍朴诰昭陛下宣布退位,选择新君成为泰国王室当务之急。经过多方研究和讨论,最后王室把目光锁定到诗纳卡琳的长子身上,认为阿南塔“不仅知识广博,富有民主意识,还谦虚有礼,平易近人”,是最佳候选人。就这样,9 岁的长子成为节基王朝八世皇,而诗纳卡琳成为母仪天下的皇太后。

诗纳卡琳感觉到肩上的担子一下子有千钧重,因为她和长子要面对的,不仅仅是一个小家,而是泰国所有的子民。她教导长子,一定要为天下子民着想,做一个开明得人心的君主。长子很听话,也是那么做的。望着长子一天天成熟起来,诗纳卡琳暗自松了口气,略感宽慰。然而好景不长,在 46 岁的时候,命运又一次跟诗纳卡琳开了个天大的玩笑——1946 年 6 月 9 日,因为遭枪击,阿南塔驾崩了! 整个泰国震惊了!

国不可一日无君,谁能在此时力挽狂澜,安慰全天下? 形势严峻,诗纳卡琳能做的,就是咬紧牙关,把所有的“小爱”和所有的伤痛都暂时抛开,先以大局为重，她必须用自己的坚强告诉大家——有她在，国家就不会乱！就这样，在诗纳卡琳的辅佐下，同一天，小儿子普密蓬·阿杜德继承了王位，稳定了大局。从此，泰国历史打开了新的一页。

皇太后一生朴素，从不追求奢侈的物质享受，很多事都是自己亲自动手，主张将富余的东西施行善事或公益事业。由于学过专业护理知识，诗纳卡琳更深切地关心着人民群众的健康问题，鼓励儿子每次下乡都带上王室医疗队，为乡民们看病，将那些需要特护的病人送往附近医院，住院及医疗费全部由国王资助；此外，医疗队遍布于国王驻地周围的乡村，为乡民提供免费的医疗服务，医护人员由来自王室的职员、军队的医生或其他王室医疗机构的成员组成。

在诗纳卡琳和儿子的共同努力下，近些年，王室医疗队已由普通诊治扩展到由牙科、眼科、耳鼻喉科等专科治疗，以及过敏症的治疗研究。为救助军队和民间的伤残病人，在曼谷的一家医院创立了假肢制作职业培训班；为实现在边远地区自主医疗的目标，又发起了一个培训乡村医疗职员的项目，培训成为能治疗普通疾病和实施急救的医护人员。此外，他们还为乡民们提供预防药物和营养健康建议，特别是照料孕妇以保证孕产健康。因此说，普密蓬国王广受爱戴，被誉为"伟大的贤良君主"，这与皇太后的教导是分不开的。

诗纳卡琳曾经在全国各地进行巡视，设置多个帮助贫苦百姓的项目，为提高泰国人民的生活水平做出了很大贡献。80岁的时候，她曾亲赴泰北清莱府咚山一带考察，看到村民还多以种植罂粟为生，果断地宣布："我要在咚山造林。"诗纳卡琳说到做到，率众在山上种植树苗。如今，咚山已成为一片绿色林园，并建成了咖啡园、坚果园等多个经济作物区，人们再也不用种植罂粟，过那种害人害己的生活了。

1995年7月18日，为泰国贡献了毕生精力的诗纳卡琳皇太后驾崩。泰国民众悲恸欲绝，从各地寄来的表达哀思的书信，像雪片般送抵王宫。

逐梦箴言

"古之立大事者,不惟有超世之才,亦必有坚韧不拔之士。"诗纳卡琳一生中遭遇了许多挫折,幼年丧父,青年丧夫,中年丧子。但诗纳卡琳并没有向命运低头,相反化悲痛为力量,以坚强的性格和优秀的品德同命运抗争,最终受到泰国人民的爱戴,谱写了传奇而伟大的人间神话!唯坚韧者能遂其志,顽强的毅力,可以征服世界上任何一座高峰!

知识链接

泰国王室

1782 年起统治泰国的王朝,又称却克里王朝。曼谷王朝的开国君主为昭丕耶却克里。泰国现国王普密蓬·阿杜德是曼谷王朝拉玛九世,1927 年 12 月 5 日出生于美国马萨诸塞州坎布里奇市,母亲诗纳卡琳。他是曼谷王朝拉玛五世之孙,拉玛八世之弟。普密蓬国王自 1946 年登基至今,已在位 63 年,是泰国历史上在位时间最长的国王。

皇太后大学

1998 年 9 月 25 日成立的国立自治大学,是人民纪念、效忠和继承皇太后殿下办学遗志的场所。该校为泰国教育部承认的高等学府,是泰国目前唯一一所用英语授课的国立大学。在世界最权威的杂志之一《时代周刊》2008 年最新大学排行榜上,皇太后大学在泰国综合排名第 18 位,东南亚排名第 62 位,世界排名 2 703。中国很多大学已和皇太后形成联谊,有厦门大学、云南大学等诸多国内高校。

泰国王室访华第一人

玛哈·扎克里·诗琳通,泰国国王普密蓬·阿杜德的次女,

我的未来不是梦

白衣天使

知识链接

1955 年出生，1981 年 5 月首次访华，成为泰国王室成员访华第一人。诗琳通公主年幼时开始学习中国历史和文学，通读《三国演义》等古典名著，鉴赏中国古代诗词，擅长中国书画，能用二胡等中国民族乐器演奏。诗琳通公主曾亲自把王蒙、方方等中国知名作家的文学作品翻译成泰文，还翻译了 100 多首唐诗宋词，出版了两本译诗集。为表彰她在传播中国文化方面的贡献，中国教育部为诗琳通公主颁发了"中国语言文化友谊奖"。

诗纳卡琳

■ 坎坷中谱写有为乐章

中国近代护理事业的飞速发展,离不开老一辈护理专家的努力。她们以崇高的思想境界、高尚的人格魅力、渊博的学识、仁厚的爱心、博大的胸怀,毕生致力于护理事业的发展。她们的一生是救死扶伤、无私奉献的一生;是诲人不倦、教书育人的一生。

林菊英就是这样一位伟大的护理学家。她长期致力于护理管理体系的建立,健全护理教育层次和提高护理教育水准,完善干部医疗护理保健制度,多渠道地培养护理人才。为护士争取评定高级职称的权利,呼吁恢复高等护理教育,并积极开展国际交流。她两次荣获美国著名大学的荣誉博士,为中国护理界争得了荣誉,在国际、国内护理史上乃为第一人,也是我国唯一两次荣获博士学位的护理专家。

1920 年 11 月 3 日,林菊英出生在北京一个知识分子家庭。3 岁时,父亲因病去世,家庭一下子陷入了困境。在那个年代,母亲带着她和幼小的妹妹几乎没有生存能力,不得不靠远在外地的舅父接济维持生活。穷人的孩子早当家。林菊英从懂事起就知道心疼母亲,抢着帮母亲做家务和照顾妹妹。正因为她懂事,让母亲在困境中看到了生活的希望。

然而被接济的日子,在林菊英 12 岁的时候中断了,原因是外祖母病逝。外祖母在世时,舅父舅母还念及亲情,迫于老人家的威力勉强给他们寄生活费。但亲情有时候在现实中也会变淡的,林菊英一家从此过着更为清苦的生活。母亲不得不出去做零工,贴补家用。看着母亲辛苦疲惫的身影,林菊英心疼极了，从此更加勤奋学习，打算早日参加工作，为母亲分忧。

不幸的遭遇能让人迅速成熟起来。林菊英知道自己必须考上国立高中，才能节省学费的开支。终于，她以优异的成绩考上了北平师范大学女附中。1937 年高中毕业时，正值"七七"事变，北平全部国立大学关闭。由于学习成绩优良，林菊英被保送北京师范大学和私立燕京大学。当时私立大学的学费比较昂贵，尽管她志愿攻读理科，终因所有国立大学关闭，无奈只好选读了燕京大学的护预系，因为在护预系就读一年后，即可转入免交学费的北京协和医学院护士学校。林菊英为生活所迫，必须以最少的学费为自己谋到一份生存的本领，尽快扛起养家糊口的重担。

1939 年，母亲因肺结核病去世了。那时她刚刚转入北京协和医学院护士学校一年，刚刚对护理事业有了初步的认识，还没来得及回报母亲，母亲却走了！这样的打击对林菊英来说，真的很大，也让她第一次深切地感觉到生命的脆弱，感觉到医学对人类的重要性。她甚至有些埋怨自己，如果自己再大几岁，或者多学些医学知识，或者多一些临床经验，至少多挣些钱，那样也许能让母亲多活几年……

但是一切已是既成事实，母亲走了，只把妹妹留给她相依为命。林菊英知道自己必须坚强，必须尽快从失去母亲的悲痛中走出来，照顾好唯一的亲人妹妹。在生活更加艰难的情况下，她平日刻苦学习，星期日回家还要把妹妹一周的生活安排好。长时间的营养不良加上操劳过度，在临近毕业时，林菊英也被查出患上了肺结核病。

这样的检查结果让林菊英很难过，倒不是因为病痛，而是因为肺结核是传染病，以她当时的状况，根本不能参加公共卫生课的实习。还好她年纪轻，发现得及时，学校也很关心她，卧床休息并辅以人工气胸治疗，几个月后终于得以康复。这次患病经历，让林菊英经常想到去世的母亲，如果那时候生活条件好一些，母亲就会得到及时的治疗；如果母亲能"等"，她一定会让母亲减少病痛，早日康复的。林菊英从此变得更加坚强，在生与死的边缘游走过，她更加懂得了生命的意义。

后来经过实习，林菊英如愿走上工作岗位。不过那年珍珠港事件后，北京协和医院关闭，她暂时先到培元小学从事学校的卫生保健工作，直到解放后才又回到北平医院。从此，她以极大的热情投入到护理事业中来，希望帮助更多患者早日康复。

然而，命途对林菊英来说，总是那么多舛，家庭小环境再困难都能克服，可是社会大环境的变革，却不是她一人之力能扭转的。文化大革命中，医院的正常秩序遭到严重的破坏，全国各地废除了护理领导体系，医院中的护理工作也处于被取消的状态，病房秩序极为混乱。不少医院的病房呈现出早上像"茶馆"、中午像"饭馆"、晚上像"旅馆"的"三馆"状态。面对当时的情况，身为共产党员的林菊英深感痛心。不过她并没有因此随波逐流，而是一面积极鼓励大家安心工作，一面抓紧时间研究护理学方面的知识，期待有朝一日国家安定了，让自己的所学有用武之地。

1977 年，中华护理学会终于恢复活动，林菊英看到了希望。她感到自己身上有使不完的劲，感到自己心里有很多梦想，中国坚强地走出了低谷——她也可以坚强地把那些梦想一一实现了！

面临着百废待兴的困难局面，很多医学界同仁都非常沮丧，甚至有人退出。林菊英积极主动去找那些人谈心，希望大家同心协力，为中华护理事业做出应有的贡献。那些人被她的热情打动，又重新回到学会，共同分析研究全国护理工作的形势，找出存在的主要问题。同时，召开全国基础护理学术会议，以提高全国护士对基础护理重要性的认识；起草报告，她和其他常务理事以学会的名义向卫生部提出建议，为改变医院的混乱情况，必须加强护理指挥系统，提高护理质量和加强护理教育。

卫生部采纳了林菊英的建议，发布了《关于加强护理工作的意见》和《关于加强护理教育工作的意见》两个文件，这对全国护理工作的整顿起到了极大的推动作用。然而很少有人知道，为了推动两个文件的贯彻执行，林菊英曾组织护理学会进行多方调查研究，于 1979 年在大连铁路医院召开全国病房管理学术会议，会后很多医院组织各级领导去大连铁路医院参观学习。同时，林菊英还组织号召各地分会，大力开展护理知识竞赛和护理技术操作的表演赛等活动，调动护士的工作热情。

为使广大护士进一步认清护理学的科学性和重要性,在林菊英的建议和领导下,学会又及时在上海和广州分别召开烧伤和心血管疾病的学术会议,从而调动了广大护士学科学、学技术、学习专业理论知识及撰写护理学术论文的积极性。经过林菊英两三年的努力,全国护理工作的面貌有了明显的改观。

科技人员技术职称评定工作在全国开展后,由于多年来护士仅接受中等专业教育,因而有人对护士能否评定高级职称提出不同意见。林菊英据理力争,最后有关部门正式规定:护士享有同医、药、技一样的评定高级技术职称的权利。这大大调动了广大护士工作学习的积极性,许多已改行做医生或其他工作的护士,纷纷归队,护理队伍得到了稳定的发展。林菊英又多次召集有关人员反复讨论护理教育问题,在她的多方努力下,1984年初,卫生部和教育部决定恢复已停办30多年的护理高等教育,初步形成了多渠道、多层次、多规格地培养护理人才的教育体系。

改革开放以来,林菊英了解到国外护理理论和实践都有了很大的发展,便及时与学会的几位领导去南京、上海、常州等城市调查研究,并积极向全国推广责任制护理。她主持在常州举办的首届全国责任制护理学习班,不仅聘请国外护理专家讲学,也亲自授课。会后各省市亦纷纷办班,使其护理方法推广到全国。

1989年,第三十二届南丁格尔奖授予林菊英国际护理至高无上的荣誉;2001年受泰国王室的邀请,专程赴泰国出席为她举行的"皇太后基金奖"颁奖典礼。林菊英用顽强的毅力、旺盛的热情孜孜不倦地工作着,堪称护理界的社会活动家和造诣颇深的护理学专家。

逐梦箴言

"在科学上没有平坦的大道,只有不畏劳苦沿着陡峭山路攀登的人,才有希望达到光辉的顶点。"65 年的风雨历程,林菊英携手许许多多与她结识的人们,引领着那些追随着她的足迹、在护理事业上无私前行的晚辈。她无愧于"南丁格尔"奖的光荣称号,是我们学习的榜样!

知识链接

林菊英主要学术论著

《关于恢复高等教育的座谈摘要》、《责任制护理与护理程序》、《外护理高等教育》、《近三十年来护理学的进展》等。其中《医院护理管理》、《社区护理》、《护理管理学》等专著,成为高等护理教育的经典教材。

肺结核

由结核分枝杆菌引发的肺部感染性疾病,是严重威胁人类健康的疾病。结核菌的传染源主要是排菌的肺结核患者,通过呼吸道传播。健康人感染结核菌并不一定发病,只有在机体免疫力下降时才发病。世界卫生组织统计表明,全世界每年发生结核病 800 ~ 1 000 万人,每年约有 300 万人死于结核病,是造成死亡人数最多的单一传染病。1993 年,《全球结核病紧急状态》指出,结核病已成为全世界重要的公共卫生问题。我国是世界上结核疫情最严重的国家之一。

肺结核预防

1.建立完善的结核病防治体系;2.控制传染源;3.卡介苗接种;4.化学预防。专家建议:结核病重在预防,现代社会提供给人们优越便捷生活的同时,也使生活节奏变得过于紧张,部分人的生活失去正常规律,运动减少,糖尿病及免疫系统疾病增多,部分人的免疫力下降,人口流动带来疾病传播机会的增加,等等,都使得结核病有死灰复燃的机会,所以加强对结核病的认识,提高警惕,提倡健康生活,才能防患于未然。早期诊断,接受正规治疗,肺结核多可痊愈。

■ 在废墟上挺起脊梁

　　2008 年,杨秋刚刚 34 岁,生活平静而有序。她在四川省都江堰市向峨乡卫生院工作已经十个年头。她有一个活泼可爱的女儿,爱人也是乡卫生院的医生。然而,所有快乐的日子,都在 5 月 12 日被彻底打破了。

　　那一天,杨秋正跟随成都市疾控中心专家到莲月村进行卫生检查。当他们走进莲月村水库时,地震发生了。看着眼前坍塌的房屋,杨秋马上决定赶回卫生院救人。当她用最快的速度赶回卫生院时,昔日人来人往的城镇已成一片废墟。杨秋立即加入到向峨中学的救援行动中。没有工具,用手扒,一个孩子得救了,两个孩子得救了……而她的手指也出血了。

　　就在杨秋拼命抢救这些孩子时,还不知道自己 6 岁的女儿也被埋在了不远处的废墟里。下午 6 时,正在参加医疗救治的杨秋得到了这个揪心的消息,晚上 8 时许,才和丈夫赶到新建小学。老师告诉她,孩子还没有找到。杨秋和丈夫用早已满是伤痕的手搬砖挖土,直到看见女儿仍有余温的遗体。抱着面目全非的女儿遗体时,杨秋整个人都崩溃了,根本不相信眼前发生的一切都是真的……

　　每当回忆起这段往事,杨秋的泪水就抑制不住地往下流;每当在街上看到蹦蹦跳跳的小女孩,杨秋就会不由自主地想,逝去的女儿如果还在,也会有这么大了。夜深人静之时,杨秋仍然会陷入对过去痛苦的记忆。地震初期,她夜不能寐,即使现在,也经常到了凌晨两三点才能入眠。而睡着了,还依然会在睡梦中见到心爱的女儿。

杨秋刻意回避所有同地震有关的新闻、电视节目、电影,只怕会触动内心的伤口;可是又必须去面对那可怕的地震,眼睁睁看着殡葬车把女儿的遗体带走。她能做的,只有化悲痛为力量,毅然回到医院抢救其他伤者。那些日子里,杨秋把忘我工作当作抚平失去女儿之痛的唯一方法,或者说,她把每一位伤者都当成是自己的女儿,只要努力工作,用心去护理别人,自己的女儿在天堂就能减轻疼痛。

接下来的几天里,杨秋一直战斗在抢救第一线,夜以继日照顾伤者,累了,就在拼起的桌子上合衣简单休息一会儿。那么多伤者需要她的照顾,杨秋连哭的时间都没有。5月18日那天,女儿班主任打来电话,说女儿即将火化。杨秋这才想起,这一天正是女儿6岁的生日。杨秋的心再一次如刀割般疼痛,赶到殡仪馆见了女儿最后一面。

上天在孩子生日那天带走孩子,实在是太残酷了!看到那么多家属在哭泣呐喊,看到那么多生命一个个离去,杨秋对女儿说了句:"孩子,你一路走好!妈妈爱你……"便又重新返回到医院,只要有一丝希望,就不能让其他伤者跟女儿一样离开。

大灾大难面前,人的生命似乎显得那么的卑微;但是,一个人可以被毁灭,意志绝不能被打倒。杨秋把女儿放在心中最温柔的部分,然后把未能给予女儿的爱,传递给受灾的群众。很多伤者不仅在身体上得到她的护理,更重要的是从精神上得到了鼓励,纷纷以她为榜样,一点点勇敢面对失去亲人、失去家园的不幸和痛苦……

急救告一段落后,杨秋又投入到配合部队医疗队进村组消毒的工作。每天,她都要给部队医疗队带路,深入到向峨乡各个村组。早上出发,下午回到医院,每天步行几十公里。虽然高强度的工作有些吃不消,但她咬着牙坚持完成了任务,绝不能让乡亲们因为防疫不利,而遭受第二次伤害。

地震过去几个月后,全乡有60多名失去孩子的妇女再度怀孕。对于这些再生育的妇女来说,面临着高龄生育的危险。作为向峨乡卫生院唯一的妇保员,杨秋不仅要对每一位孕妇进行登记造册,还要深入到她们家中,讲解孕期保健知识，督促她们定期到医院进行检查。

在向峨乡，有的村离卫生院近 30 公里，而且在山上，加上地震造成道路严重损毁，路十分难走。杨秋坚持走到每个村，走进每个孕妇的家中，一个月中，她有 20 天都在孕妇家中。红光村一位再生育妇女没有按时到卫生院体检，由于不通电话，杨秋走了 10 多公里的路，上门对其进行体检。就这样，在她辛辛苦苦奔波下，全乡百余名再生育妇女顺利生下了健康的孩子。她们中有不少人通过手机短信或带人捎话给杨秋，感谢她的指导和帮助，让她们重新体会做母亲的幸福。

分享着那么多喜悦和幸福，杨秋更加思念自己的女儿。夜深人静的时候，她总是睡不着，然后悄悄望着女儿的照片流泪。人的坚强，真的说起来容易做起来难啊，杨秋成功帮助很多妇女再生育，自己却并不能完全走出心理的阴影。她多想女儿能奇迹般地从照片里走出来，搂着自己的脖子喊"妈妈"……

但是杨秋自己又非常清楚，必须走出那个阴影，把女儿留在记忆里，然后重新开始生活。历尽周折，杨秋最终如愿以偿地产下一个活泼可爱的男孩。十月怀胎，一朝分娩，欣喜之余，更多的是伤感，因为新生命的到来是以女儿的生命为代价的，这种喜悦实在太过沉重了。

如今，杨秋和爱人依然住在地震前的房子里，70 多平米的楼是中度损坏，后来加固了一下，看看还挺好的。夫妻二人其实还是无法忘记过去的日子，无法忘记女儿；或许直面人生，在废墟上开始新的生活，更需要足够的勇气。

杨秋家的窗外以前有一片工地，是地震临时安置点搭建的板房，现在已经修建成一片整齐美观的小区了。"女儿，我相信，我们的日子会越来越好的。"杨秋把女儿的照片放在窗前，让女儿能"看着"家乡重建后的面貌。其实她这句话，也是对自己说的，一个柔弱的女子身上，充满了坚强与自信的光芒。

由于杨秋在抗震救灾工作中出色的表现，被授予国际南丁格尔奖章、五一劳动奖章，并获选为抗震救灾英模火炬手。谈到这些荣誉，杨秋没有任何豪言壮语，而是十分淡定："其实我觉得没做什么，我只是尽了自己的责任，当时那种情况没有别的选择，换了另一个人也会这样做的。"

逐梦箴言

脆弱与坚强，苦难与希望，这些矛盾体在白衣天使杨秋身上得到了完美的统一，令她朴素的外表散发出伟大的人性光辉。在都江堰市人民医院，看着灾后来来往往的人群，或许每个人都有一个与地震有关的故事。这些故事，有着难以言说的脆弱与伤痛，然而更多的是爱与坚强。正是有了如此伟大情感的支撑，这片土地才能如此迅速地在灾难中重生，焕发出勃勃生机。坚强者，能在命运之风暴中奋斗！

知识链接

5·12汶川大地震

2008年5月12日14时28分04秒，四川汶川、北川，8级强震，大地颤抖，山河移位，满目疮痍，生离死别……这是新中国成立以来破坏性最强、波及范围最大的一次地震，重创约50万平方公里的中国大地，超过了1976年的唐山大地震！国务院决定，2008年5月19日至21日为全国哀悼日。此间，全国和各驻外机构下半旗志哀，停止公共娱乐活动，北京奥运圣火暂停传递，全国省级卫生、电视台台标变白，外交部和我国驻外使领馆设立吊唁簿。5月19日14时28分起，全国人民默哀3分钟，届时汽车、火车、舰船鸣笛，防空警报鸣响，全国人民静立默哀。自2009年起，每年5月12日为全国防灾减灾日。

【地震时9条须知】

地震时,从地震发生到房屋倒塌,一般有12秒钟,此时要保持冷静:

1.摇晃时立即关火,失火时立即灭火。

2.不要慌张地向户外跑。

3.将门打开,确保出口。

4.在户外时,要保护好头部,避开危险之处。

5.在公共场所依工作人员的指示行动;不能使用电梯。万一在搭乘电梯时遇到地震,将操作盘上各楼层的按钮全部按下,一旦停下迅速离开。万一被关在电梯中的话,请通过电梯中的专用电话与管理室联系、求助。

6.汽车靠路边停车,管制区域禁止行驶。

7.务必注意山崩、断崖落石或海啸。

8.避难时要徒步,携带物品应在最少限度。

9.不要听信谣言,不要轻举妄动。

杨秋

● 智慧心语 ●

卓越的人的一大优点是：在不利和艰难的遭遇里百折不挠。

——贝多芬

苦和甜来自外界，坚强来自内心，来自一个人的自我努力。

——爱因斯坦

即使在把眼睛盯着大地的时候，那超群的目光仍然保持着凝视太阳的能力。

——雨果

人只有为自己同时代人的完善、为他们的幸福而工作，他才能达到自身的完善。

——马克思

自私怯懦的人常不快乐，因为他们即使保护了自己的利益和安全，却保护不了自己的品格和自信。

——罗曼·罗兰

白衣天使

第六章

生命的意义不在于长短

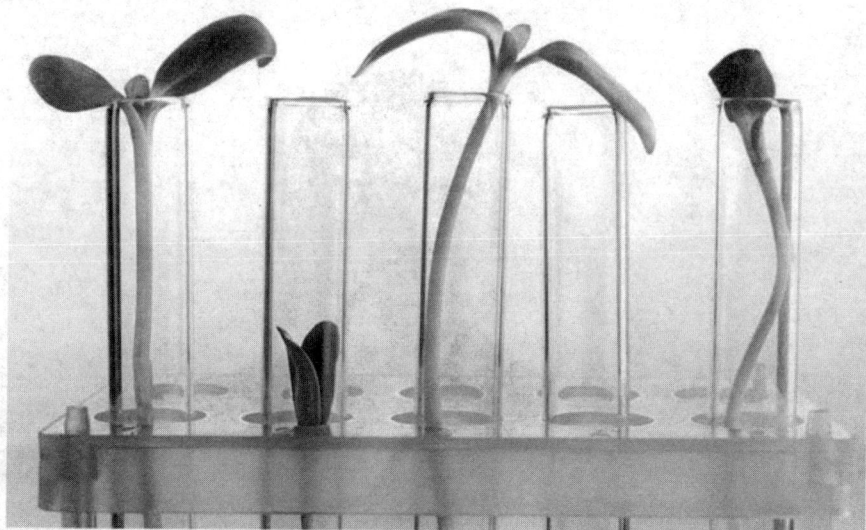

◎导读◎

生命并不在于长短,而在于怎么发挥它的作用。若你为你的意义而欢喜,你就必须给世界以意义。高尔基说过:"如果你在任何时候、任何地方,你一生中留给别人的都是最美好的东西,譬如鲜花、思想,以及对你的最美好回忆,那么你的生活将会是轻松而愉快的。那时候你就会感到所有人都需要你,这种感觉使你成为一个思想丰富的人。你要知道,给——永远比拿愉快!"

高尔基

只留清白在人间

2000年8月6日14时15分,悲痛笼罩着天津医科大学总医院。在一间小小的病房里,陈路得安详地、静静地走了,脸上笼罩着圣洁的光。一个月之前,86岁的陈路得做了心脏手术。之后,她找来了律师,写下遗嘱:

一、丧事一切从简,不开追悼会,不送花圈,遗体捐献给天津医科大学解剖研究,用什么器官取什么器官。

二、现住房(已购产权)捐给医大总医院,包括室内全部财产。内含存款(1万多元)、首饰、家具、字画、电器。

三、1987年所获世界大奖——南丁格尔金质奖章捐给医大总医院。

四、全部书籍、个人小传及相应著作权捐给医大总医院。

五、公证律师费用由本人承担。

这是一份没有任何保留的遗嘱,这是一位老人在将毕生精力奉献给护理事业后,又要将自己身后的一切贡献给医学事业的嘱托。

在清理遗物的时候,护士们一次次流泪。陈路得一生,没有一天是为了自己活着。她没有给任何人添一点麻烦,却为成千上万人解除痛苦。陈路得无儿无女,却有无数的护士继承了她的事业,在她们心中,她就是一束不灭的南丁格尔烛光。

陈路得,护理专家。湖北省武汉市人。天津护理事业创始人、中国护理高等教育创办人、天津护理学会创始人、天津第一位世界护理界最高荣誉——南丁格尔奖章得主、全国第一位由护士出任的女院长。

多年前,紧靠着滚滚东逝的长江,有一湾静静的汉水,汉水上飘摇着一叶小舟,一位中年汉子就靠着这叶小舟,以日夜摆渡来往的客人艰难地讨着生活。后来,他在这舟上娶了妻子,在岸边搭了简单的小屋,那便是他们遮风避雨的家。

当他们有了一个儿子以后,男人便撒手人寰,更可怜的是,女人此时正孕育着新的生命。女人卖了船,挣扎住在岸边的小屋里,不久一个女孩儿呱呱坠地。那一年是 1914 年。由于家境原本就贫寒,又失去了顶梁柱,迫于无奈,女人将几个月大的女孩,送给了教会学校圣西里达女子中学的一名姓陈的女教师,希望为女儿觅得一份相对幸福的生活。有着不幸经历的陈母不但拥有一颗慈善的爱心,还在经济条件并不宽裕的情况下供她上学,并以《圣经》里的人物"路得"为她取名,表示善良、孝顺、与人为善。

时光流逝,转眼间 4 年多的时间过去了,在乡下清爽的空气、五谷杂粮和养母的关爱下,陈路得长成了身心健康的孩子。5 岁那年她被接回圣西里达女子中学,和一些穷孩子一起进了"工读班"。圣西里达女中校训是"爱人如己",这些对路得影响很深,使她养成施爱于人、关心他人、努力干好工作的高尚品德。

17 岁那年,陈路得准备高考学医,因为在教会学校的日子里,最让她难以释怀的就是外国人说中国人是"东亚病夫"。靠着先天的聪颖和后天的努力,陈路得以优异的成绩考入北平燕京大学生物系。

但命运乖蹇,三年级时,正当她要转入医疗系时,养母失去了工作。学长们劝她:不能学医就当护士,学护理不交学费和食宿费。也正是命运这次不经意间的捉弄,造就了一个中国的"南丁格尔"。由于学习成绩优异,1937 年她毕业的同时,获得燕京大学理学学士学位,并受聘于协和医院。从此,护士成了她的终身职业,也成为她一生努力奋斗的目标。

1946 年,陈路得随中国护士代表团到美国纽约等城市,参观考察护理管理及护理教育。美国一家又一家设备先进、管理优秀的医院,给她留下了深深的印象。在一所医院里,陈路得边聆听着南丁格尔的故事,边凝视着南丁格尔的照片,那是一位束腰长裙、高贵而沉静的女士,手中的油灯闪烁着神圣的光芒,脸上展现着仁爱与智慧。在南丁格尔的照片前站了很久,陈路得被她深深地感动着,就在那一刻,南丁格尔的灯照亮了她人生的道路,她不再犹豫,不再彷徨,决心要像南丁格尔一样,把一生奉献给护理事业。

在医院里,陈路得把病人当成亲人,细心地照料,生怕哪一点做得不到位。可对自己,她却是非常简朴,一副毛线手套用了 10 多年,破了补了又补;唯一的一件新毛衣,只有客人来访时,她才会换上。

1957 年,陈路得担任天津医学院附属医院的副院长,成为我国第一位护士出任的院级女领导。她提出了"打破医院管理旧框框、开门办院、开放门诊、改两班为三班、24 小时服务、建立综合急症室"等建议,得到了医院的采纳,又亲自解决了综合简易病房实行专医专护等许多实际问题。这些改革受到了卫生部的重视,周恩来总理专程来津现场视察,特意走到她面前亲切握手,说:"护士工作很重要。你们为人民做了一件好事,要继续努力!"

这激动人心的场面,深深印在陈路得的记忆中,成为永远的动力。她两次带队赴农村抢救危重病人,有效地控制了河北省献县的伤寒病、静海县营养不良性浮肿等传染病的蔓延,降低了死亡率,完成了艰巨的任务。她到处奔波,为了减轻痛苦,为了保存生命,为了促进健康,就像她心目中的南丁格尔一样。

虽然她工作卓有成就又担当要职,却从没享受过任何特权,一直与别人合住在一间 16 平方米的宿舍里。医院建了职工住房后,按她的资历可分到一室一厅的房子。当时有人替她填了一份申请住房的表格,陈路得知道后,立即就把房子给退回去了。她说:"我就一个人,现在住的挺好,把房子分给最需要的人吧!"后来,医院几次分房,她总是说自己人口少,不用占太多的地方,而让给了别人。她居然搬过 8 次家。

然而,文革中这一切都颠倒了,陈路得被迫离开为之奋斗 30 多年的护理事业,被戴上"黑教徒"的帽子,扫进"牛鬼蛇神"队伍,关禁闭、住小黑屋、交代问题、轮番审问;去扫街、掏厕所、拔草、刷墙……

直到 1972 年,老院长来到陈路得的家中,请她重新管理全院的护理工作。那些天,她彻夜难眠。她又想起南丁格尔,想起了周总理的亲切嘱托。个人的荣辱恩怨都是小事,怎能放弃为护理事业奋斗终身的目标? 于是,她毅然回院,整顿混乱不堪的烂摊子,给老护士长复职;劝说已经改行的护士归队;逐步恢复各项规章制度;开办了各类型的学习班……整整三年的努力之后,病房和门诊的秩序有了好转,医院护理工作的面貌大有改观。

1976 年 7 月 28 日,唐山大地震波及天津。已然 62 岁的陈路得连夜起草了关于建临时病房、封闭式厕所、火化尸体、打通门诊通道、设分诊处等建议,转天就得到党委批准立即实施。她不顾年事已高,亲自领兵作战,每日早晚亲自到各病区巡查,每天都要工作十几个小时,休息时就回到那间杂物间里。直至住院大楼修好了、病人搬进楼里,她才离开那间"临时宿舍"。为了救护伤员,她离家整整一年。

1978 年,陈路得作为第五届全国政协委员,到北京参加第一次会议。经过陈路得的不懈努力和奔走,高教部终于批准首先在天津医大设立护理系并开始招生。天津医大成为我国解放后第一所建护理系的高等医学院校,随后,全国各地有 11 所医学院陆续设立护理系和护理进修科。

为中国培养更多更好的护士,陈路得多年的愿望终于实现了! 为了表达自己激动的心情,1985 年 4 月,她把几十年工资积蓄的 11 000 元捐给了天津医大护理系,被命名为"陈路得护理教育奖学金"。从 1988 年第一届毕业生开始,每年定期颁奖一次,奖励那些在护理教学工作中有突出成绩的教师和品学兼优的应届毕业生。

为了这笔不菲的捐赠,71 岁的陈路得几乎变得一无所有。但这又有什么? 她的全部身心都在中国的护理事业上,几乎没有个人的需求;她创办的各类护理工作学习班,培训了 6 240 名在职护士,其中 3 000 多人成了各医院的业务骨干;她不顾 70 多岁高龄,每年都亲自讲学,撰写了多部专著。

1996 年,82 岁的陈路得恳请不再担任护理学会名誉理事长职务,并将 2 000 元捐赠给学会做科研启动基金,为她长达 45 年的护理学会任职画了个圆满的句号。

逐梦箴言

"鞠躬尽瘁,死而后已。"无数的鲜花送到陈路得生前的住所,护士们分批给老院长守灵。在清理遗物的时候,她们一次次流泪:那简朴的家具,那整洁有序的衣箱,那缝着补丁的裤子,那记着白菜、萝卜的流水账……陈路得清白地度过了一生。她轻轻地走了,就像她轻轻地来到这个世界上。她没有给任何人添一点麻烦,却为成千上万人解除痛苦,为护理事业做出了杰出的贡献!

知识链接

【陈路得主要论著】

陈路得长期从事护理教育和管理工作,认真总结临床教学和管理经验,撰写了多种讲义、教科书,已出版的有《建立简易病房、培训护理人员的经验体会》、《试行(个案研究教学法)的经验体会》、《护理科研论文选集》、《加强组织领导,提高临床护理教学质量》、《医院科学管理的基本法则》、《现代医院管理》(任编委)。主编了《回顾天津的护理事业》一书,撰写了《愿将毕生献给护理事业》、《难忘的岁月、美好的记忆》等文章。

【天津医科大学】

天津医科大学的前身天津医学院创建于 1951 年,是新中国成立后国家政务院批准新建的第一所高等医学院校,世界钙磷代谢之父、著名内分泌学家、医学教育家朱宪彝教授为首任校长。学校现任校长为中国科学院院士尚永丰教授。学校为国家"211 工程"重点建设院校,为仅有的两所进入国家"211工程"建设的独立设置西医院校(天津医科大学、北京协和医学院)之一。

我的未来不是梦

107

知识链接

教会大学

美国是全球教会大学起源地，1636 年清教徒创立了美国第一所大学哈佛大学，其后有康奈尔、耶鲁等知名大学。中国最早的现代意义上的大学，是 19 世纪 60 年代外国教会创办的圣约翰大学。民国时期教会大学共有 23 所，最有影响力的是"在华 14 所"：燕京大学、齐鲁大学、金陵女子大学、金陵大学、东吴大学、沪江大学、圣约翰大学、之江大学、福建协和大学、岭南大学、长沙雅礼大学、湖北文华大学、武昌博文书院、华西协和大学。教会大学史是中国近代教育史不可缺少的重要篇章，为中国高等教育做出了不可磨灭的贡献。1952 年全国院校大调整中，教会学校集体取消。

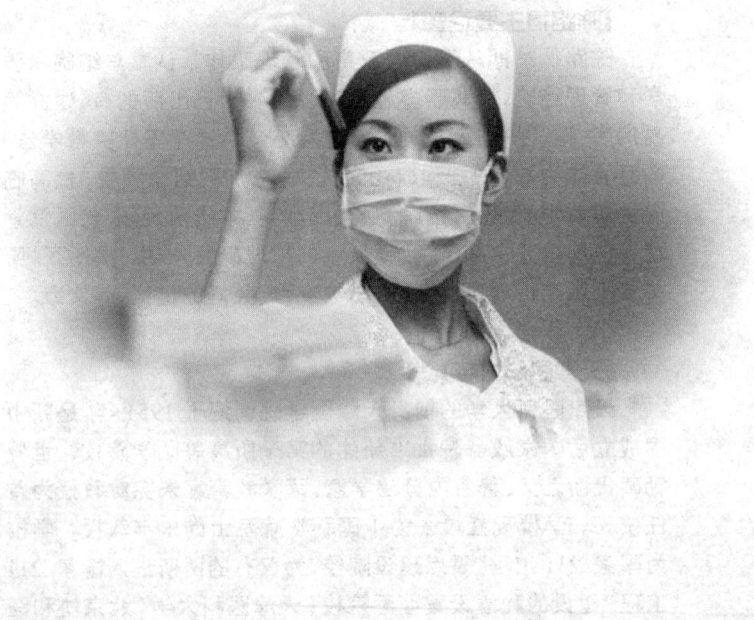

■ 彩虹下的约定

2003 年 3 月,香港的 SARS 疫症爆发,人心惶惶。屯门医院接收了三名 SARS 病人,但院内胸肺专科医生不足,谢婉雯自愿由内科病房转到 SARS 病房工作。由于当时情况危急混乱,谢婉雯与另一名男护士先后亲自为病人插喉,因此感染致命病毒。

"我要快点出院,回病房帮忙!"谢婉雯自己躺在病床上,却仍然惦记着躺在病榻上的患者。外表看来柔弱的她,内心异常坚强。

很多人知道,谢婉雯是以 8A 的优异会考成绩,考入香港中文大学医学院的。中大医学院附属医院、威尔斯亲王医院院长钟尚志,以"中大医学院的骄傲"来赞扬她的表现。在医院,她认真的工作态度,不知多少次成功地"软化"了那些一度态度蛮横的病人。即使是有些病人,看她个子小、人品好,开一些恶意的玩笑,她也并没有因此而冷待他们,最终感动了这些病人。在同事和病人眼中,谢婉雯永远是他们疼爱的"表妹"。

可是很少有人知道,她曾经遭受人生最大的打击——亲爱的丈夫陈伟兴医生因血癌而去世。其实早在恋爱的时候,谢婉雯就已经惊闻他患有血癌,但是她始终不舍不弃,与丈夫相伴,细心照顾,为他祈祷。诚心感动了上天,陈伟兴得到骨髓捐赠,奇迹般地康复了。

2000 年 12 月 2 日,谢婉雯和心上人挽手走进教堂。在圣洁的婚礼上,丈夫献给他一首《彩虹下的约定》,赞美爱妻是自己生命中的"雨后彩虹"。天意弄人,婚后不久,陈伟兴旧病复发,在 2002 年 5 月永远地离开了她。丧礼上,那首《彩虹下的约定》变成哀悼丈夫的歌曲。不曾在人前哭泣的谢婉雯,不知道有多少次独自驾车回家,忍不住流泪,一个人伏在方向盘上痛哭……

但是,谢婉雯很快重新振作起来,强忍着丧夫之痛,再次投入治病救人的医护工作。所有认识她的人,无不钟爱这位外表娇柔、内心强大的好医生。如今为了抢救患者而感染了疾病,大家都在为她祝福,希望她能快些康复。

从医生变为病人,谢婉雯没有惊慌,仍然一心只想着医治病人。她深信,卧病的日子很快会过去,更从未想到自己会离开人世,一直"冷静又勇敢"。当时她曾对同事说:"没事的,就当作休息两星期,看看书,看看电视,时间很快就会过去。"

然而,随着时间的推移,谢婉雯的病情开始恶化,肺部的感染情况越来越严重,气喘情况已相当严重,在 4 月 15 日被送入深切治疗部,插上喉管协助呼吸。拥有呼吸科专科医生资格的谢婉雯,曾经与主治医生一起看她肺部的 X 光片,很清楚自己病情的严重程度。但是,她并没有流露出丝毫惊慌的神色,即使身边的同事看到她十分痛苦,可她却从未埋怨一句,依然乐观希望自己早日出院,回到抗灾第一线。

经过一个多月的顽强搏斗之后,谢婉雯在 2003 年 5 月 13 日凌晨 4 时,走完了 35 年灿烂的人生之路。无数香港市民哀悼,不相信这是真的,熟悉的、陌生的群众纷纷前来悼念这位抗灾英雄。他们虽然戴着口罩,缠上黑纱,但是紧握的拳头、哭红的双眼,无不表露着他们心中那种巨大的悲痛。

大家知道,谢婉雯其实完全可以逃过死亡的厄运,完全可以避过这次病毒感染的。但是当疫情爆发时,她却毅然决然地主动请缨,从内科病房调到 SARS 高危病房工作,踏上了抗灾的最前线。这种精神感动和鼓舞无数市民,他们在市民心意卡上写着最后的祝愿:"从您的生命中看到勇敢,从您的工作中看到无私,您的离去留下不住的提醒,要我们坚忍面对,在哀恸中站稳脚步,勇敢向前。"

56 岁的何先生闻讯后失声痛哭,立即一拐一拐地赶到屯门医院。从

1997年开始,他一直得到谢婉雯的悉心医治和照顾。他说,谢婉雯得知他常到内地出差,为了避免过关时发生不测,专门写信给入境处,安排特别通道过关。何先生的口袋里,至今还保留着这封残旧的珍贵信件。

传媒纷纷对她冠以"香港女儿"的称号,希望谢婉雯的勇气和牺牲精神,能够鼓励港人永不放弃,战胜非典。香港《明报》当天的社评向她致敬:"谢婉雯医生燃烧自己,不但给人添温暖,这把火还将永耀香江,成为典范。"行政长官董建华发表声明说,谢婉雯医生"在帮助他人时表现出高度的专业精神和勇气,我相信全港市民都不会忘记她无私的奉献"。

5月22日,谢婉雯的安息礼拜由全港基督教团体派出地位尊崇的牧师政敬,丧礼亦以香港特区最高规格举行,特首董建华以及政府多名局长均有出席。

中大医学院校友会和香港胸肺复康基金会,分别以谢婉雯的名义成立奖学金。当年的同窗在追思会上为她唱出诗歌《彩虹下的约定》,希望以这首诗歌慰藉谢婉雯,祝愿谢婉雯得到安息,并且能够与丈夫重逢天国,完成彩虹下永远的约定。

逐梦箴言

"捐躯赴国难,视死忽如归。"2003年6月30日,香港特区政府在中公布,追授谢婉雯英勇勋章,以表扬她英勇和无私服务的精神。谢婉雯甘冒生命危险舍己救人,忘我无私,堪称英勇行为的最高典范。如今,她的事迹亦被改编为《亚洲英雄》及《天作之合》等电视电影。把别人的幸福当作自己的幸福,把鲜花奉献给他人,把棘刺留给自己,她是香港最美丽的女儿花!

知识链接

大陆第一个因非典殉职的护士

叶欣,抗击非典英雄模范,原是广东省中医院急诊科护士长,是该院护士长中最年轻的,在抗击非典的战场上她献出了宝贵的生命。叶欣 1956 年 7 月 9 日出生于广东湛江市徐闻县一个医学世家。1974 年被招进广东省中医院卫训队。1976 年毕业时,因护理能力测试成绩名列前茅被留院工作。1983 年,被提升为广东省中医院急诊科护士长,是该院护士长中最年轻的。2009 年 9 月 14 日,她被评为 100 位新中国成立以来感动中国人物之一。

传染性非典型肺炎

学术名称为严重急性呼吸综合征,简称 SARS,是一种因感染 SARS 冠状病毒引起的新的呼吸系统传染性疾病。主要通过近距离空气飞沫传播,以发热、头痛、肌肉酸痛、乏力、干咳少痰等为主要临床表现,严重者可出现呼吸窘迫。具有较强的传染性,在家庭和医院有显著的聚集现象。全球首例于 2002 年 11 月出现在广东佛山,并迅速形成流行态势。2002 年 11 月 – 2003 年 8 月 5 日,29 个国家报告临床诊断病例 8 422 例,死亡 916 例。报告病例的平均死亡率为 9.3%。

预防非典措施

1.谈话尽可能保持 1 米以上距离。2.打喷嚏、咳嗽时,要用纸巾捂住口鼻。3.不随地吐痰。4.实行分食或公筷、公匙。5.洗手。6.疾病流行期间勿接吻。7.少吸烟或戒烟。8.经常漱口,特别是在去过人员密集的场所或医院后。9.消毒,尤其是对被飞沫等污染过的物品和场所。10.勿用手挖鼻、揉眼和接触口腔。11.常开窗或人工通风。12.去医院、人员密集场所或自己有咳嗽等症状时应戴口罩。

精神天使的微笑

张桂英,吉林省神经精神病医院精神科的护士长,一个普通的名字。2009 年 10 月 27 日,在中国红十字会第九次全国会员代表大会上,荣幸地被授予"南丁格尔"奖章,受到了胡锦涛主席的亲切接见。她是全国目前 1 124 家精神卫生专业机构的唯一代表,也是吉林省 5 万名护士获此殊荣的第一人。

张桂英出生在吉林省伊通县西南一个偏僻的小山村。一天夜里,她听见邻居嫂子屋里传来撕心裂肺的哭喊声,父母说嫂子生孩子了,是难产。她不太懂"难产"这个词,但嫂子痛苦呻吟了一夜后撒手人寰。这哭喊声深深地震撼了张桂英幼小的心灵。她知道,嫂子是因为缺医少药没有及时救治而死去的。她下决心,一定要好好学习,长大了当医生,治病救人。

上初中时,邻家明哥娶了媳妇,可张桂英一直也没见着。孩子 3 岁了,她听说明嫂精神不好,有抑郁症。一个秋天的上午,明嫂在孩子面前用镰刀割了自己的喉咙,鲜血喷了孩子一脸,年幼的孩子孤独无助地哭着喊妈妈。张桂英跑回家哭了许久,从此,更坚定了学医救人的决心。

张桂英如愿考到四平卫校。第一堂课,老师讲完南丁格尔的事迹后,对大家说:"要做一名好护士,就要有耐心、有奉献和吃苦的精神。"因此,毕业后张桂英没有选择条件优越、报酬丰厚的大型综合医院,而是选择了条件比较艰苦、护理充满困难和危险的吉林省神经精神病医院。因为她知道,在治疗精神病患者方面,"南有南京,北有四平",这是一个具有革命军人传统的医院，是最能体现南丁格尔精神的医院。张桂英感觉到，越是艰苦和危险越会锻炼自己的意志。她对精神科护理事业充满了信心。

蹒跚满志地来到工作岗位，然而无情的现实给了张桂英一连串打击，让她经受了严峻的考验。刚到医院工作时，老护士告诉她，永远要和患者保持一定的距离，永远不要正面对着患者，甚至从病房往出走时要背对着墙侧身走；老护士告诉她，精神病患者有各种各样不切合实际的异常行为，在精神科里，骂人、打人、砸玻璃、损坏物品是常有的事，往往很多攻击现象是在无征兆的情况下随时随地突然发生。

第一次和病人接触，患者就给了张桂英一个下马威。她清楚记得，那是一个几名患者同住的大房间，一走进病房，患者的目光齐刷刷地集中到她身上，有好奇的，有不屑的，有漠然的。那些杂乱的目光就像一顿乱棒，把她的一腔热情打得支离破碎。张桂英开始产生怀疑，在这样的环境中，面对这样一群人，自己能做什么呢？

但是，生性倔强的张桂英并没有被这些吓退，既然是自己选择的，就要坚持到底。随着与病人的不断接触，对这些患者有了进一步清晰的了解。这里的患者大部分来自农村，家庭相对比较贫困。这些精神病人就是因为在家经常惹祸，有的甚至打打杀杀，家人管不了才送到这里来的。年迈的父母在把患者托付给她们的时候，常常是老泪纵横，那泪里有不舍，但更多的是无奈。张桂英常常陪着他们流泪。她知道，家长把患者送到这里不是简单的推卸责任，而是寄托着巨大的希望，希望患者能从这里走向正常人的生活，破碎的家庭能从这里得到团圆。这让张桂英越发感到自己肩上那份沉甸甸的责任。

在这里，医护人员被打被骂时有发生，张桂英还记得自己第一次挨打的经历。那是工作的第二年，到病房组织患者吃饭，一个新来的患者突然冲上来踢了她一脚。那一脚踢在身上，却疼在心里。对你们那么好，为什么这么对我？委屈的眼泪怎么也止不住。那患者踢完她就像没事儿似的，到一边照样吃喝。回到宿舍，张桂英陷入沉思。如果对正常人，你可以期望投桃报李，但是这些病人，他们的行动本身就不可理喻，根本就不应该拿正常人的标准去衡量他们，他们打人，不需要任何理由。第二天，她照常出现在病房，依然和蔼可亲、嘘寒问暖，那个患者却不好意思地躲到了一边。

无缘无故挨骂挨打，是精神科护士常见的事情，有时还要经受生与死的考验。有一天，张桂英早晨按惯例巡视病房，询问一个精神病患者的睡眠情况，这位患者没有回答，两只眼睛却死死地盯着她，突然冲过来，双手死死掐住她的脖子，张桂英痛苦地挣脱着，可是无济于事，她心里非常清楚，用不了多长时间自己就会窒息死去。神志开始恍惚，幸好患者的家属从卫生间回来，和闻讯赶来的工作人员一起把患者的手掰开，她才死里逃生。

有朋友劝她想办法换个岗位吧，太危险了，张桂英却说："危险的工作也总要有人来做。"她照常去查房，照常到那位患者床前询问、叮咛、安慰，就像什么事情也没发生过一样。她用自己的努力，谱写了新时代南丁格尔不怕牺牲的赞歌。

张桂英把心完全用在了护理工作上。有名患者拒食拒药，说饭里有毒，说别人要陷害他，吃进东西就吐出来。她知道后，亲自去给患者喂饭，患者将咀嚼后的饭菜吐她一身一脸，她不在乎，自己先吃一口给患者看，让患者打消怀疑。

长春来看病的一名患者，犯病时行为非常凶狠，曾把让他吃药的妻子从楼上推下去致残。患者入院时，指着张桂英的鼻子，用恶毒、低级、下流、不堪入耳的龌龊语言破口大骂。张桂英眼含泪花，依然和颜悦色地与值班护士一道为他更衣。她的高尚行为和风格，感动了在场的人。张桂英对家属说："患者也是有血有肉有感情的人，只是病魔使他们失去理智，我们有责任和义务善待他们，宽容理解他们，早日使患者摆脱疾病的折磨。"

由于精神类病症疗期较长，家属很难全程陪护照顾，护士自然就成了病人们的生活管理员。两年前，疗区接收了一例重症躁狂男性患者。入院时，病人反应十分强烈，护士轮流喂饭，可他怎么也不肯吃。张桂英见状，接过饭盒，低声在他耳边轻声哄劝："想家了吧？想回家咱就得好好吃饭，好好治病，等你病好，就能回家了。"男患者好像听懂了，突然冒出一句："老姨,你也吃一口。"张桂英顺势说:"老姨喂你吃饭,你可得多吃点儿。"从此以后,张桂英一直以"老姨"的身份精心照料"外甥"的生活起居。病人出院时,趴在张桂英耳边亲热地说:"老姨,我会永远记住你。"

2008年入冬时节,张桂英又成了患者的"舅妈"。一位精神病患者入院时怎么也不进病房,是张桂英手拉手把他劝进病房的,再加上张桂英对患者耐心细致地看护,于是患者把她当作了可以信赖的人,只要一见到张桂英的身影就喊"大舅妈"。

有一天,一个抑郁型病人突然说活着没意思。这话如果是正常人说的,可能不会发生什么,可是从这些特殊病人嘴里说出来,就十分可怕,他们可能真会自杀。于是,张桂英就耐心和他聊了起来。原来,患者的父母有一段时间没来了,他就以为父母不要他了。张桂英开导他说,不是你想的那样,是你父母忙,暂时脱不开身,其实他们一直很关心你,前两天还来电话问你的情况呢,过两天就会来看你了。为了稳定病人情绪,她一边买来饺子给病人吃,一边和他父母联系,让他们来看望病人,打消了病人自杀的念头。

这些年,挨打受骂,张桂英都无怨无悔地承受了下来,用自己的思想、言行诠释了什么是人道主义。也正是她多年的精神科护理工作,磨炼了人道主义的钢铁意志。

医院多次派人到重症精神病患者家,为患者打开铁锁,挽救了无数年轻患者的生命。每次解救病人,张桂英总是冲在前头,就是再躁狂的精神病患者,也会得到平静的处理。有一次,获知有一名被关锁的重症精神疾病患者。该名男性患者29岁,患精神病12年了,反复打砸家中及邻居的玻璃、物品,还持刀扎伤过他的老母亲。因家庭贫困无力治疗,无奈用铁链关锁在仓房内达9年,无人敢与其接近,过着非人的生活。

张桂英立刻带队,前往被关锁患者家进行解锁救治。狂风暴雪席卷东北大地,但张桂英一行人不顾天气恶劣,不怕路途遥远,一路艰难前行。当带着被解锁的患者冒雪赶回医院时,已是晚上6点多钟了,随后他们又为脏乱不堪的患者清理个人卫生,及时进入治疗程序。张桂英每天看望解锁的患者,精心服务,热心开导,深切关怀,经过半个多月的精心治疗和护理,患者的病情明显好转。患者已经知道入厕、吃饭,消除了攻击性心理,基本上能够配合医护人员治疗了。看着患者的病情一天天好转,张桂英心里舒畅极了。

张桂英有这样一个公式:牺牲等于舍得,舍得等于奉献。二十年如一日,她每天早来晚走,从不间断。"为患者做什么,我都愿意!"这是张桂英最常说的一句话。

逐梦箴言

"爱是生命的火焰,没有它,一切变成黑夜。"面对一群长期生活在黑夜中的精神病患者,张桂英正是用爱的火焰温暖着他们的心灵,照亮他们的夜空。20年,她为了这群人割舍了父母亲情,缺失了对女儿的关爱,放弃了节假日休息;20年,她用真情抚慰一颗颗孤僻的心,用真诚点亮一个个迷茫的希望,用真爱驱散一片片久积的阴霾,用真心引领患者一步一步迈向新生活!

知识链接

精神病

定义:由于丘脑、大脑功能紊乱及病变而发生严重的心理障碍,患者的认识、情感、意志、动作行为等心理活动均可出现持久的明显的异常;不能正常地学习、工作、生活;动作行为难以被一般人理解;在病态心理的支配下,有自杀或攻击、伤害他人的动作行为。

根源:弗洛伊德研究发现,大多数精神病人的神经系统是完好无损的,根源是环境因素。

类型：精神分裂症；狂躁抑郁性精神病；更年期精神病；偏执性精神病；各种器质性病变伴发的精神病等。

症状：思维破裂；情感障碍；幻觉妄想。

治疗：药物治疗；行为治疗；工作治疗；娱乐治疗；心理治疗及各方面疏导；饮食疗法。

心理学

研究人和动物心理现象发生、发展和活动规律的一门科学。心理学一词来源于希腊文，意思是关于灵魂的科学，直到19世纪初，德国哲学家、教育学家赫尔巴特才首次提出心理学是一门科学。心理学既研究动物的心理（研究动物心理主要是为了深层次地了解、预测人的心理的发生、发展的规律）也研究人的心理，而以人的心理现象为主要研究对象。包括理论心理学与应用心理学两大领域。心理学以精神分析学派、行为主义、人本主义心理学影响为最大。

心理咨询师

是协助求助者解决各类心理问题的人。心理咨询最一般、最主要的对象，是健康人群或存在心理问题的人群。健康人群会面对许多家庭、择业、求学、社会适应等问题，他们会期待做出理想的选择，顺利地度过人生的各个阶段，求得自身能力的最大发挥和寻求生活的良好质量。心理咨询师可以从心理学的角度，提供中肯的发展咨询，给出相应的帮助。从某种意义上来讲，心理咨询师是一个"科学+艺术"的职业。国内心理咨询师行业发展较晚，二级心理咨询师为目前等级最高的心理咨询师。

智慧心语

贝壳虽然死了,却把它的美丽献给了全世界。

——张笑天

点燃的火炬不是为了火炬本身,就像我们的美德应该超过自己照亮别人。

——莎士比亚

只有人类精神能够蔑视一切限制,相信它的最后成功,将它的探照灯照向黑暗的远方。

——泰戈尔

如果有一天,我能够对我们的公共利益有所贡献,我就会认为自己是世界上最幸福的人了。

——果戈理

一个人若能为别人的生命与人道的法则着想,纵使他正在为自己的生命挣扎,并处于极大的压力之下,也不会全无回报的。

——丘吉尔

我的未来不是梦

白衣天使

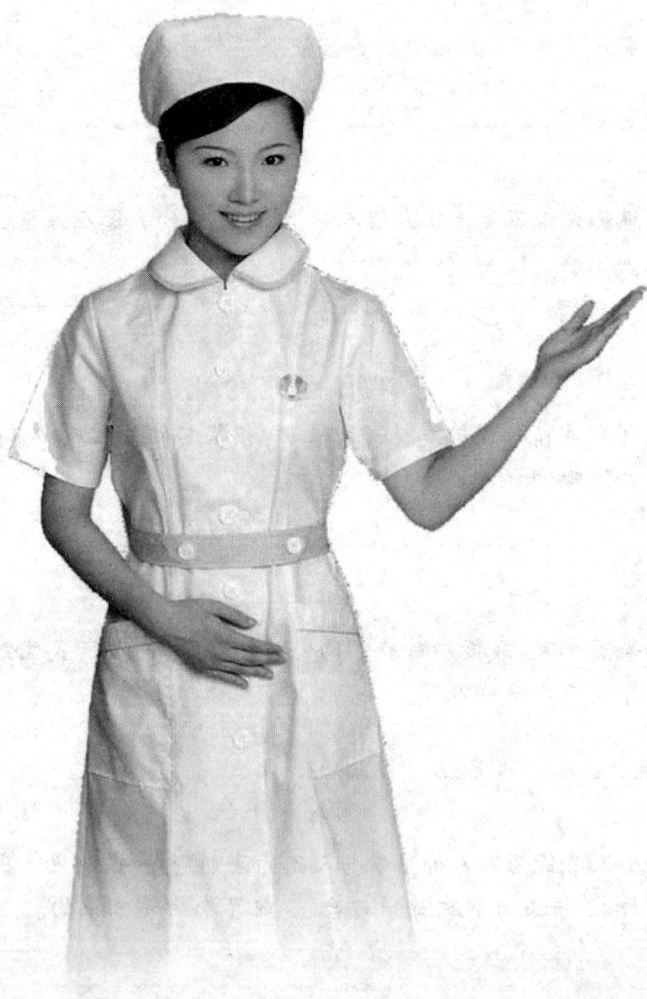

第七章

在履行职责中得到快乐

◦ 导读 ◦

　　每个人都被生命询问，只有用自己的生命才能回答这个问题；只有以负责任的态度才能回答自己的生命。因此，能够履行职责是人类最重要的本质。而在履行职责的过程中，无论怎么进步，如果不能使周围的人随着进步，那么对社会的贡献都是极其有限的。绝不以"孤独进步"为满足，那样的幸福也是局限的；必须负担责任，使大家都进步，至少使周围的人都进步——所谓"当仁不让，敬业乐群"，就是这种人生观！

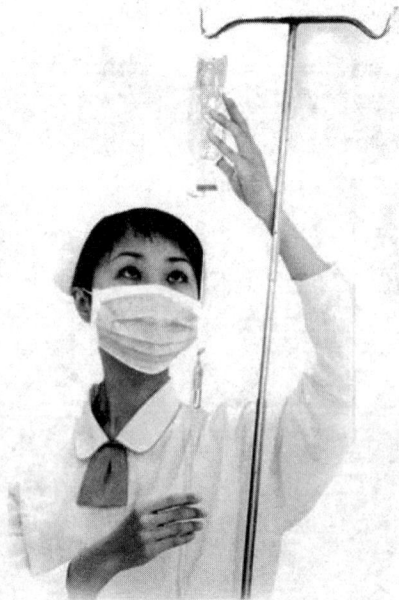

草根英雄传递正能量

2012 年 7 月 20 日,新华社"中国网事·感动 2012"第二季度网络人物评选结果揭晓。网民通过数十万张选票,推选出传递社会正能量的"草根英雄",湖南省"最美护士"何遥入选前 10 名。评价语这样写道:"最美护士"何遥,她被精神失常患者打倒在地,在该患者跳楼的一瞬间,冲上前死死抓住病人衣服,用 48 公斤的柔弱身躯,挽救了 65 公斤的病人。

短短数天,一个名不见经传的年轻护士的惊人一抓,其冲击波涤荡着人们的灵魂。

"我不能放手,我抓住的是一条命啊!"

"草根"何遥,树起了一根新的道德标杆!

"最美护士",传递着一种新的道德力量!

冒死施救,女孩成了新时代的"草根英雄"!

2012 年 5 月 1 日这天,在湖南省株洲市第二人民医院,惊险的一幕发生了!

中午 1 点,24 岁的护士何遥像往常一样,来到住院楼 3 楼外二科巡视病房。在 15 号病房,她发现 80 岁的胃穿孔患者张大爷输氧管脱落,并正在拔出插在身上的胃管。何遥赶紧上前制止,不料却被情绪不稳的病人一脚踹倒。她忍痛爬起来,打完抢救电话又返回病房,谁知又被情绪失控的病人用拔出的病床金属护栏打倒,血流满面。

看到何遥进来,老人猛地挥舞着不锈钢护栏朝她头部、颈部袭来,数次重击之下，鲜红的血液喷涌而出，尤其是头上那重重一棒，让何遥顿时失去知觉。

迷迷糊糊中，何遥感到有液体从头上和鼻孔流出来。这时，杨大爷再次向她攻击，何遥又一次被打倒在地。正当何遥拖着受伤之躯准备出去求助时，老人竟疯狂地砸烂纱窗，推开窗户，准备跳楼。何遥一下子惊醒了，强忍着剧痛站起身跑到窗边；此时老人身体已经到了窗户外；生死瞬间——何遥抓到了老人的衣服。

时光似乎凝固在这一刻，一双瘦小的手死命抓住身体已经悬空的老人。此时，鲜血正从何遥的头部、鼻孔和肘部流出，模糊了她的视线，染红了洁白的护士服。那个瘦弱的身躯，完成了一个惊天壮举。等大家协力将杨大爷救下时，何遥已没有了一丝力气，晕倒在病房里。

事发当晚，被救患者的家属为何遥支付了 2 000 元医疗费，并当场道歉。第二天下午 6 时又到病房看望何遥，强塞给何遥父母 20 000 元，一再表示歉意和感谢。5 月 3 日中午，何遥在父母陪伴下看望了被救患者，并当面将 22 000 元退还。

1988 年出生的何遥，和同龄女生一样，没事时窝在家里看书，爱听歌，特别喜欢《最初的梦想》这首歌，"因为觉得这首歌特别给人力量"。选择当护士，何遥因为父亲说"当护士比较好就业"。何遥毕业后，爸爸送她八个字："勤劳做事，诚意待人。"

对于女儿何遥，母亲很有愧疚感。她说何遥孝顺懂事，自己亏欠了女儿很多。何遥从小就和乡下的爷爷奶奶住在一起，只有过年过节时，才回湖北黄石的家。她从不挑剔吃和穿，上班后第一年存了 1 000 元钱，给母亲过年。因为奶奶患有高血压，何遥每次回奶奶家时，总是提着新买的药或者测量仪。

何遥在湖南中医药高等专科学校学习时，对自己要求严格，学习十分勤奋。印象最深的是，当年护士执照考试完后，老师要求学生把考试成绩报给自己，但何遥迟迟未报。老师一问才知道，原来何遥不是没过，只是 4 门考试科目中的一门成绩没考到 90 分。何遥觉得自己考得不好，所以不好意思告诉老师。很多学生们纷纷把"60 分万岁，61 分浪费"当成考试信条，何遥却一直追求：凡事都要认真做，做到最好。

纯真、善良、质朴；脸色平静、轻言细语，构成了何遥特别洁净、纯美的底色；真实性、亲和力，显示出何遥独特的魅力。何遥坦言，读书时并没有觉得将来要从事的工作有多重要，直到上班后经历一些惊心动魄的抢救经历，才明白这份职业的神圣感。印象最深刻的一次是内科一位"老病号"，家属帮他翻身时突发心梗，心脏骤停。参与抢救的医生和护士看到心电图变成一条直线时，一边流泪一边抢救，最终把心电图变成曲线，同事们才高兴了起来。那一刻，何遥彻底明白了救死扶伤的意义。

何遥每天工作的 8 个小时，都是在病房之间来来回回，值班时需要精心照顾 6 到 8 个病人，每天下班后都是全身酸痛。医院每个月对护士都有一次考核。下班后何遥还会捧起书本，考操作更是要留在医院看操作碟。而让何遥感到的压力，不是工作上的辛苦，而是和病患相处时不能得到对方的理解。

记得有一次，何遥给一位病人打了针，后来病人动了针弄痛了自己。第二次何遥再去给打针时，病人坚持要求换人。何遥为此伤心很久，觉得自己尽了力，却不被理解。但委屈归委屈，下次巡房时，何遥还是耐心地询问病情，小心地为病人打针，照顾病人。她相信，总有一天患者会理解的。

去医院看望这位"最美护士"的各界人士络绎不绝。何遥的故事在社会引起了强烈的反响。数天内，《人民日报》、新华社、中央电视台及《湖南日报》、湖南卫视等 100 多家媒体聚焦株洲、聚焦何遥。仅《光明日报》就发稿 32 条，其中 7 条发在头版，另外发了 3 个整版的图片。报道中，记者们不约而同把视角集中在何遥无私的大爱上。6 月 18 日，"学习何遥精神"还被列为株洲市中考试题。

面对媒体报道和荣誉，这个淡定的女孩说出的话，却很震撼人心："虽然接受采访比较累，但肯定是个好事。现在医患矛盾多，希望我的事情被大家了解后，能让大家增加对医疗行业的了解，增加对医生和护士的信任。"

何遥一直强调，自己只是在普通的岗位上做了一件平凡的小事。"不能给病人带来痛苦与危险，我要清清白白地行医和生活……"这是何遥最喜欢背诵的古希腊医生的誓言。她有一个心愿："患者带着病容进院，带着微笑离开。"这样和谐的医患关系，何尝不是所有医护人员所愿、所有病患所愿呢？

时代需要英雄，时代呼唤英雄，时代更要感谢英雄。何遥还被评为"湖南省芙蓉百岗明星"、"湖南省优秀共青团员"，并获株洲市卫生局授予的"优质护理服务特别奖"。"七一"之际，"最美护士"何遥面对鲜红的党旗，庄严宣誓，成为光荣的中国共产党预备党员。何遥激动地代表新党员上台发言："我们愿以实际行动接受党的考验！"

逐梦箴言

宽广的胸怀、无疆的大爱，这是人们感动之余对何遥的评价；面对荣誉淡然的心态，面对朋友不变的质朴，这是人们亲切称何遥为"我们的何遥"的原因。护士被人们称为"白衣天使"，而朴实如邻家小妹的何遥向我们展示了"天使之美"，使我们感到，其实天使距我们就"一步之遥"，"平民英雄"存在于大众之中，"身边好人"就在身边。他们可亲、可近、更可学，要弘扬时代精神，塑造民族之魂，他们的价值是不可替代的！

知识链接

中国网事

新华通讯社 2010 年推出的多媒体新闻栏目，它以互联网为报道对象，整合新华社文字、图片、电视、互联网等多媒体报道形式，意在对网络重大事件、热点话题、舆情动向、发展趋势等进行梳理和观察，聚焦网事、走近网民、讲述网语、影响网络。

报道内容包括:感动系列;调查系列;核实系列;盘点系列。

草根

直译自英文的 grass roots。一是指同政府或决策者相对的势力,二是指同主流、精英文化或精英阶层相对应的弱势阶层。平常说到的民间组织、非政府组织等,一般都是"草根阶层"。其特点:顽强;广泛。

草根代表人群:他们知道自己很优秀,眼界比别人宽,舞台比别人大;但他们简单,低调,很热爱身边的每个人,不自大,很快乐地骄傲着。

野草因其平凡而具有顽强的生命力;野草是阳光、水和土壤共同创造的生命;野草看似散漫无羁,但却生生不息,绵绵不绝;野草永远不会长成参天大树,但野草却因植根于大地而获得永生。野草富有民众精神,它甚至于带着顽固的人性弱点,草根性具有强大的凝聚力,更具有强大的生命力和独立性。

正能量

英文名称:positive energy;其他名称:正面能量;正向能量。

定义 1:以真空能量为零,能量大于真空的物质为正,能量低于真空的物质为负。定义 2:一切予人向上和希望、促使人不断追求、让生活变得圆满幸福的动力和感情。

2012 年 7 月 4 日上午 10 时许,众多博主纷纷发布"点燃正能量,引爆小宇宙!"和"点燃正能量,运气挡不住!"的博文,引起了众多博主的好奇和跟进,还上传了伦敦奥运会火炬的图片。"点燃正能量,引爆小宇宙""点燃正能量,运气挡不住",这两句话也成为当下网络最热的句子。

知识链接

我的未来不是梦

为了他们，我愿意

众所周知，麻风病是一种很强的传染病，感染后往往因病致残、面容毁损，令人望而生畏，进而形成偏见、恐惧和歧视。"闻麻风色变"是老百姓的普遍态度，不理解甚至歧视，让患者和医务工作者都背负着沉重的压力。麻风病作为一种慢性传染病，在全球范围内流行甚广。

"麻风病患者已经在身体和心灵上，遭受了巨大的痛苦和不幸。为了他们的康复和健康而付出，我愿意！"2011年8月26日，刚刚获得第43届"南丁格尔奖"的孙玉凤这样说。

孙玉凤选择从事麻风病护理工作，只是缘于毕业之前听过的一次讲座。那是1987年5月的一个下午，正在上海市护校就读的孙玉凤与同学们一起听讲座，工作人员介绍了他们那里麻风病患者缺少护理人手的情况，说很希望引进新人……第二天一早，孙玉凤找到班主任，自愿去上海市皮肤病医院麻风科工作。

当时，孙玉凤是这家医院13年来第一个新来的护士。害怕过，难受过，甚至一度后悔。然而，当患者对新护士所表露出的欣喜神情和期待目光，又让孙玉凤坚定了自己的信念。至今难忘第一次与麻风病人面对面的情形。那是个高温天，按照隔离规范，孙玉凤在带班护士指导下，全身上下穿着"隔离衣"，走进了麻风病区。那天的护理工作，主要是为病人输液、伤口换药。尽管在护校读书时学过一些皮肤病知识，但那些内容，在整本教科书里只有2页。第一次看到因感染麻风病毒致残、失明、面容毁损的患者，孙玉凤大为吃惊。手禁不住地颤抖，在学校练得很好的"一针见血"功夫失灵，换药时也哆哆嗦嗦。

这一切，院长看在眼里，他告诉孙玉凤，医院已经13年没进过新护士了。现在的护士们年纪渐渐大了，眼也开始花了，而200多个麻风病休养员需要护理、照料。"你会慢慢适应的，我们都是这样过来的。他们需要我们。"院长的眼中充满了期待，孙玉凤之前的恐惧感瞬间消失了。只要病人需要，她愿意坚持下去。

"孙同志，你来了！"半个月后，当许多双目失明的休养员听着脚步声这样称呼她，孙玉凤说："我第一次有了被需要的、被认可的感觉。"那之后，除了做治疗，孙玉凤常常去病房，有时教休养员一些自我护理技巧，帮着做康复训练，有时陪他们聊天，说说外面的新鲜事。而休养员们也越来越把她当自家人，时常将自己烧的拿手菜留着，等她来尝。

由于对麻风病了解得一知半解，许多人对麻风病心怀恐惧，对病人颇多歧视和偏见，结果，患者治愈了，却又遇到工作、学习和婚姻等的重重困难。孙玉凤一腔热忱，出手相助。原在上海一家锁厂工作的工人小何，麻风病康复出院后不能复工，孙玉凤去厂里找领导沟通，去了多次。不料，对方提出："你说他已经康复，不会再传染，那你能不能当着我们工人代表的面，在饭厅与他合吃一盘菜，共喝一碗汤？"对方没料到，孙玉凤欣然同意。一顿饭吃完，大家终于释然……

一次，孙玉凤在对城市流动人口中麻风病人的调查中，发现一对朱姓父子患病，有严重畸残和下肢溃疡，附近居民非常恐惧。病人早出晚归，孙玉凤与调研团队多次起早摸黑去家访，屡遭拒绝。功夫不负有心人，真心实意的关爱赢得了信任。父子二人最终被确诊为瘤型麻风，有较强的传染性。待病人病情稳定后，孙玉凤又积极联系当地民政部门，帮着解决治疗和生活保障等问题，最后亲自陪护患者回到江苏兴化。

后来，孙玉凤发现院内先后有30多位麻风休养员伴发白内障，严重影响了生活质量，便努力帮他们去别的医院做复明手术。为了做成这件事，孙玉凤奔波不断，一面要向外院工作人员讲解麻风知识，消除恐惧心理；一面要安慰病人,打消他们怕受歧视的念头,还自己陪伴护理。在孙玉凤和姐妹们精心照料下,这些休养员白内障术后无一例发生并发症。她总结经验,发表了多篇论文,多次参加全国会议交流,受到专家好评。

麻风病人大多会有不同程度的畸残,又由于他们普遍缺乏康复知识,不懂得如何保护受累的器官,往往致使病情进一步加重,导致失明,溃疡长年不愈,溃疡发生癌变甚至不得不截肢。第一次参加中英麻风病康复项目,孙玉凤大开眼界,看到了在麻风病康复方面的差距。于是,她连续10年参与这个项目,与医生密切配合,率先在医院里开展针对残疾患者的康复知识培训,指导他们自我护理,直到学会。

病人老杨足部溃疡20余年未愈,极其痛苦。入院后,孙玉凤一面鼓励她树立信心,一面不怕脏臭,用专业护理技能为她清洁伤口,促使愈合。孙玉凤还与鞋匠一同改进了病人的鞋子,避免溃疡再发。老杨的溃疡治愈后,不仅能参加儿子的婚礼,不久又找到了自己的生活伴侣。孙玉凤与同伴不断推广足部溃疡患者的护理经验,并总结发表了论文《22例麻风截肢和使用假肢的护理》。

八九十年代的医院工作环境非常艰苦,病房处于地势低洼处,且较为分散,大雨时经常积水,深达膝盖。孙玉凤带领护士们一日数次涉水去为患者提供护理服务,麻风患者深受感动。2008年该院实施全国麻风院村改建项目,又恰逢百年一遇持续高温,80余位严重残疾、生活不能自理的病人需全部转移到临时安置房。孙玉凤细心照顾帮助他们:事前落实阴凉通风的过渡场所,在35度以上天气为患者增加冰块降温,加强日夜护理巡查。期间她及时发现一位患者因溃疡感染出现高热,便及时增加物理降温等有效措施,避免患者出现休克、中暑等情况。麻风患者有皮肤出汗功能障碍,无法忍受夏季高温,为期半年的过渡期,却无一例发生中暑,受到了患者纷纷赞扬。

从事麻风病护理多年,孙玉凤和患者成了无话不谈的朋友。工作之余,孙玉凤经常来往于各个病房,看望在这里住了多年的病患。在上海市皮肤病医院,虽然很多麻风病患者已经不具备传染性,但依然选择长时间生活在医院里，因为只有在医院，只有在医生护士面前，他们才能真正放松下来。

如今，调离麻风病护理岗位已经多年，但是孙玉凤还是经常回到病区。推开病房的门，孙玉凤带去了馄饨皮和馄饨馅，和几个患者一起包馄饨、拉家常。"你蛮忙的还到这里来关心我们。"一位患者说。"应该的！"孙玉凤笑着说，"我们都是几十年的老朋友了。"一席话说得几个患者都咯咯笑了起来。

在全国卫生系统"左英护理奖"的首届颁奖仪式上，孙玉凤荣获特别奖，是继获得南丁格尔奖以后，人民群众对她的又一次肯定和感谢。

逐梦箴言

周总理曾经说："搞麻风病这件事了不起，敢于为麻风病人治病，是集中了为人民健康献身的精神。"孙玉凤把宝贵的青春年华和爱心献给了麻风病防治事业，24年来无畏无惧，满腔热忱投入到麻风病患者的医疗护理上。她是第一个从麻风病护理战线上走出来的"勇敢护士"，获"南丁格尔奖"和"左英护理奖"，当之无愧！

知识链接

左英护理奖

"左英护理奖"系由老红军战士、原任上海市人大常委会副主任左英同志个人捐资而设立。左英因病去世前专门留下遗言，捐献她毕生积蓄的200万元人民币，专门建立一个护理奖励基金，用于表彰、奖励为护理事业、为患者健康做出无私奉献的一线优秀护士。据悉，这是全国卫生系统第一个由个人捐款专设的护理奖。自2012年起，"左英护理奖"将每两年评选一次。

我的未来不是梦

白衣天使

知识链接

麻风病的预防措施

1.对重型患者,必须实行隔离治疗。

2.在流行地区,普遍进行卡介苗接种,增加易感人群对麻风的抵抗力。

3.加强宣教工作,早发现,早防治。

4.患者应加强营养,建立合理的生活制度,适当参加劳动。并注意保持居室空气新鲜和阳光充足。

大爱无疆，上善若水

每个人都有彩色的梦，王文珍儿时的梦想，是做一名中国式的"提灯女神"。而人生最难得的，可能是一辈子只做一个梦！王文珍就是这样的人，不管遇到什么曲折，不管遇到什么困难，不管遇到什么诱惑，她都一如既往，心无旁骛。

对于王文珍来说，2009年10月27日终生难忘：在人民大会堂，她从胡锦涛主席手中接过"南丁格尔"奖章，这是一名护士所能获得的最高褒奖。从事医护工作30多年来，王文珍被群众誉为"身边的提灯女神"，她像南丁格尔那样，用心灯照亮了无数需要帮助的生命。

1962年12月，王文珍出生于天津。1978年考入海军总医院护校并入伍，现任海军总医院护理部总护士长，专业技术五级，是海军历史上第一位获得南丁格尔奖的护士。2011年9月20日，在第三届全国道德模范评选中荣获全国"助人为乐"模范称号。

三年的护校生活，使王文珍开始了解南丁格尔，并时时被这位美丽善良的白衣天使感动着。在校期间，她抓紧点滴时间学习专业理论，功课达到全优。毕业时，不少人托关系找门路，想进一个好一点的科室，又脏又累的消化内科没人去。而王文珍第一个报了名。

不愧对"天使"的称号，就要有天使的技能和天使般的灵魂。为了快速掌握临床技能，除向老同志学习外，她把针扎在自己的静脉和肌肉里，体验患者的感受；起早贪黑帮助工人清理病房，帮助病人打饭，为特护患者洗衣

我的未来不是梦

和擦身、端屎倒尿，主动帮助别人上夜班。她的不懈努力，赢得了同行和病人的赞誉。

后来，医院成立急诊科，急需护士。王文珍知道，急诊科的工作用"急、难、险、重"这4个字就可以概括出来。但她不怕急难险重，还是毅然第一个报名，并且在这里一干就是22年。抢救室里，迅速为心肌梗死的病人除颤；走廊里，安抚情绪激动的病人家属；开水间，为发高烧的小战士打上一杯冒热气的开水；病床前，把午饭让给错过饭时的患者……在别人最需要帮助的时刻，总会出现她的身影，大家可以不用知道她的名字，只要听到呼唤一声"护士"，她就会来到身边。

同学有的当了领导，有的下海当了老总，而她一直战斗在又累又苦的急诊科。有同学劝她说，年龄不小了，别这么玩命了，凭她的技术和条件，转业到地方上，趁早开创自己的事业不是更好！但王文珍总是淡然地回答："我的事业在部队。能为病人解除痛苦，能亲手挽救病人的生命，这是一份多么幸福的事业啊！"

检验一个人的品行，看看他身后的脚印就行，在生死关头，荣辱之际，安逸和艰苦之间，是否有徘徊的印痕。王文珍身后的脚印是那么笔直，笔直得让人丝毫不敢有一点怀疑。

2003年3月，医院急诊室接诊了第一例SARS病人。在谈"非"色变的日子，许多人内心失去了平衡，恐惧、焦灼的情绪仿佛达到了沸点。SARS病房谁去当护士？很多人胆怯了，根本不敢面对那可怕的"非典"。在沉默中，王文珍站了出来，第一时间进入到抗击非典的工作中，成为海军总医院最早和病人一起被隔离的医护人员。

有一天，医院送来一位重症SARS女病人。这位病人已传染了3个人，患者发现被隔离后不配合治疗，情绪非常低落，一心求死。王文珍对病人细心护理，密切关注病人情绪上的细微变化，一日三餐、睡眠、大小便以及治疗中的病情变化，给病人喂水、喂饭、倒大小便。王文珍经常和她拉家常，鼓励她增强战胜病魔的决心。这位病人说最想9岁的女儿，边说边哭。王文珍对她说，自己也有一个女儿。孩子不能没有母亲。只有把病治好，才能回到孩子身边啊。在王文珍的细心护理和鼓励下,这位病人积极配合治疗,不久病情就得到好转。

SARS病房工作强度大、危险性高,医院定期轮换休息。但王文珍以自己有在急诊工作多年的抢救经验为由,一次次谢绝了轮换休息。为了不让更多的人受到SARS威胁,她向领导表示:"除非我病倒,否则决不会离开这个岗位。我唯一的要求是希望大家理解和支持急诊科护士。"作为护士长,她始终战斗在第一线,在SARS一线的病房里坚守了122个日日夜夜。在这场没有硝烟的战斗中,王文珍领导的护理组无一例感染。

人人都说,王文珍有着天使般的胸怀。有一次,一名实习护士穿刺未成功,年轻的病人恼羞成怒,大声责骂实习护士,并要求护士长当着所有输液的人道歉。惹了祸的实习护士吓得哇哇直哭。房间里静得能听见输液排气管里发出的咕噜声,几十双眼睛同时看着王文珍。

"先生,真的很对不起!我们的工作没做好,给您带来了痛苦和不愉快,我真诚向您道歉!"一遍不行,两遍,两遍还不行,王文珍眼含热泪,向这位刁难的患者一连道了五遍歉,才把事态平息。一些病人实在看不下去,责怪这个年轻人;王文珍反过来又做病人们的工作。事后,实习护士抱着王文珍泪流满面。

一个小伙子得了艾滋病,绝望地跳楼自杀,生命垂危。因为恐惧,很多年轻护士不愿意承担护理工作。王文珍说:"不能对任何病人另眼相看,让我来!"抢救时,患者的呕吐物喷了王文珍一脸,她没一句怨言。术后,她为病人洗头洗脸、剪指甲、刮胡子,病人排便障碍,她就戴上手套为他掏大便……出院时,小伙子泣不成声:"您比我的亲姐姐还要亲!"

一名维吾尔族男青年重伤昏迷被送到医院。患者身无分文,无法联系到亲友。"病人躺在这里,我们必须管!"王文珍立即组织抢救,保住了患者的生命,并悉心照料、端水喂饭。两个月后,她动员大家为病人捐款补齐医药费,并亲手买好车票送他登上回家的火车,还把一张写着"注意事项"的字条从车窗递给男青年。

一位农民工接受急救时身上没有带钱,王文珍垫付了医药费。病人出院时,她不但婉言拒绝患者还钱,还塞给对方 400 元,嘱咐他买点营养品。在王文珍看来,这样的事儿不算啥。多年来,她为患者垫付医疗费、为受灾群众等爱心捐助共 6 万余元。

天使自有天使的胸怀,天使自有天使的慈爱。王文珍怀着一颗天使般的心灵,以博大的胸怀,温暖着、感染着身边的每一个人,让他们感受到人世间最可贵的真情和无私的爱。她把爱都奉献给了病人和同事,心中唯独没有自己。

2005 年 1 月中旬,王文珍被查出腹膜后肿瘤,性质待定。因临近春节,她坚持做完节前的各项工作、安排家住外地的护士回家休假,自己硬是坚持到 3 月下旬,才利用休假住院进行手术。手术治疗后未休一天病假,又立即参加到"五一"期间的一线值班中。全科护士都被她的敬业精神深深感动。

海上战伤救护,受海况、天气和大海环境等各种因素影响,是一个世界性难题。2009 年夏天,"和平方舟"号医院船进行全员全装满负荷检验性训练,王文珍欣然出征。演练中,护理难题接踵而至:护理工作流程没有规范、护理人员基本技术难以保持、救治需要与医疗资源配备极不合理,甚至出现集中收治的伤员不知去向、伤员检伤分类后找不到病房等现象……

王文珍和战友们反复走流程、推程序,日以继夜记录各种数据,规范操作流程。她们创新使用伤员腕带卡、去向卡,在医院船特殊的应急环境中,规范护理工作"三查七对",避免出现差错;她们在风浪中苦练穿刺扎针、战伤包扎等护理基本技能,研究海上医疗救护的方式方法。王文珍撰写的《海上医院医护组的护理管理》等论文,填补了我国海上医疗护理领域的空白。

她带领"王文珍医疗队"随"和平方舟"号医院船历时 88 天、航程 17 800 海里、横跨多时区、纵越多温带、跨经两大洋、航经六海峡、两次过赤道,克服气候海况复杂多变、海上生活条件艰苦等重重困难,奔赴亚非五国执行"和谐使命-2010"医疗服务任务。

在暗夜中洒下爱的火种,照亮的是一片天空。心存大爱之人,总会在不经意间伸出双手,如春雨入夜,润物无声;身行至善之人,总是在随手间洒下光明,如暗夜之星,点亮心田。866 医院船和亚丁湾护航编队会合,王文珍边给护航的小伙子们检查身体,边跟他们聊天——不是工作开小差,是因为官兵最害怕的是孤独和寂寞,聊天能给他们带去精神上的鼓舞。

王文珍用自己看似随性的一言一行,播洒着爱的光辉和善的火种。她说自己只是"做护士应该做的事,尽护士的职责"。面对鲜花和掌声,王文珍还是原来的王文珍,就像一滴普通的小水珠,为人谦和,沉静淡然,润物无声。

逐梦箴言

"上善若水、厚德载物。"爱与善是人类永恒的主题。人们在传颂它们的时候,总喜欢与悲壮、宏大相连。其实心有大爱之人,处处皆在播洒爱的光辉。王文珍正是这样,在平凡岗位上,时时处处诠释爱与善的真谛。她坚毅的信念、崇高的人格、美好的心灵,折服了千千万万的人,用一颗至善之心,滋润与她交汇的每一片干涸的心田!

知识链接

海军总医院

中国人民解放军海军总医院,是面向全国,为军内外患者提供医疗技术服务的专业医疗机构。医院始建于 1954 年,在中央领导、军委和海军领导的直接关怀下,经过半个多世纪的开拓与发展,已建设成为一所技术先进、设备精良、专科齐全、人才优势、服务竭诚,集医疗、教学、科研为一体的现代化医院。经国家评审,首批列为"三级甲等医院",首批纳入北京市"大病统筹"定点医院,首批确认为国家医疗保险定点医院。医院曾连续三年获得"全军优质服务白求恩杯",连续五年被评为"为

我的未来不是梦

部队服务先进医院"。

"三八"妇女节

全称是"联合国妇女权益和国际和平日",又称"国际妇女节"、"三八节"和"三八妇女节"。德国克拉拉·蔡特金1892年创办妇女报纸《平等》,1907年组织第一届国际社会主义妇女大会。从1909年3月8日,美国芝加哥妇女争取"男女平等"游行集会。1910年8月召开第二届国际社会主义妇女大会,把每年的3月8日定为国际妇女节。1960年起,我国在3月8日妇女节,颁给优秀劳动妇女的荣誉称号,表彰在中国各条战线上,为社会主义物质文明和精神文明建设,做出显著成绩的妇女先进人物和妇女先进集体。

毛泽东的保健护士长

吴旭君,女,福建德化人,1932年7月26日生。1949年毕业于上海国防医学院护理科。原毛泽东的保健护士长、解放军三零五医院原副院长。自1953年来到毛泽东身边工作,到1974年底因病倒后离开,她在毛泽东身边整整工作了21年。1985年获中共中央保健委员会为表彰"在多年的党和国家领导人的医疗保健工作中做出的积极贡献"颁发的荣誉证书和奖状。1988年获中共中央军委颁发的"中国人民解放军胜利功勋荣誉章"。1993年获国家级特殊津贴。

● 智慧心语 ●

人生须知负责任的苦处,才能知道尽责任的乐趣。

——梁启超

我们的使命是照亮整个世界,熔化世上的黑暗,找到自己和世界之间的和谐,建立自己内心的和谐。

——高尔基

挂在嘴上,不如记在心上;记在心上,不如扛在肩上;它不一定能使你的前程灯火般辉煌;但一定会给你一份厚厚的人生礼物。

——《责任》

每一个人都应该有这样的信心:人所能负的责任,我必能负;人所不能负的责任,我亦能负。如此,你才能磨炼自己,求得更高的知识而进入更高的境界。

——林 肯

我们不仅能够,而且应当使世界更加美丽、更加欢快,为了我们的同时代人,也为了以后的世世代代。

——托尔斯泰

我的未来不是梦

139

白衣天使

第八章

艰苦奋斗铺开幸福之路

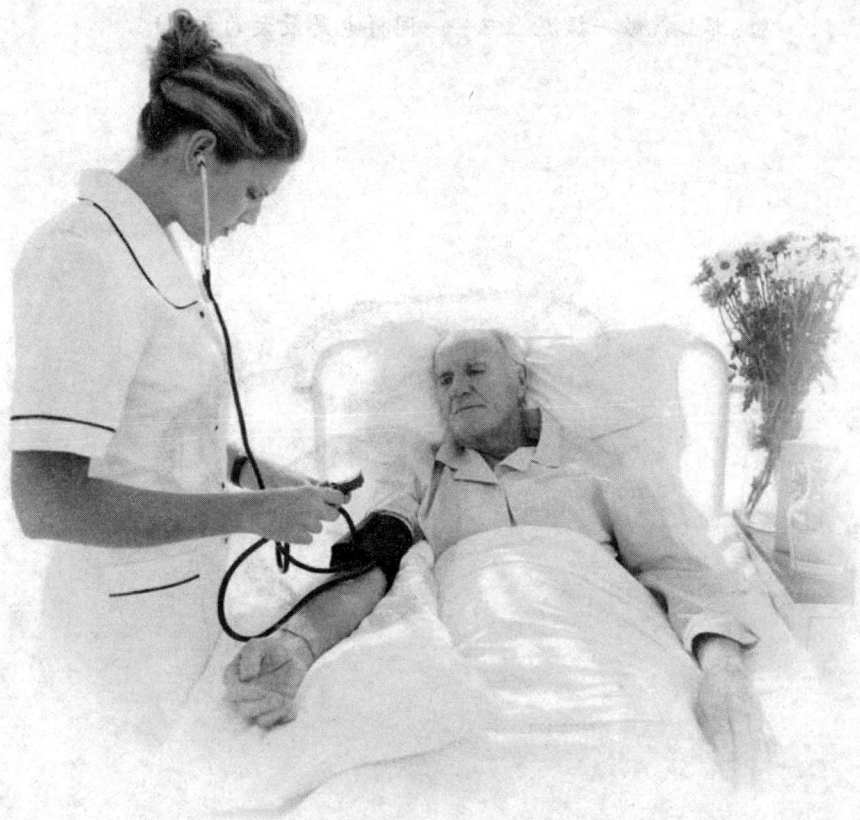

○导读○

你想成为幸福的人吗？那首先就要吃得起苦。无论多么艰苦的环境下，只要你有一件合理的事去做，你的生活就会显得特别美好。每一个人可能的最大幸福，是在全体人所实现的最大幸福之中。即使自己最终变成了一撮泥土，只要它是铺在通往真理的大道上，让自己的伙伴们大踏步地冲过去，迎向光明、温暖和希望，那么就做一撮泥土吧——同样也是最大的幸福！

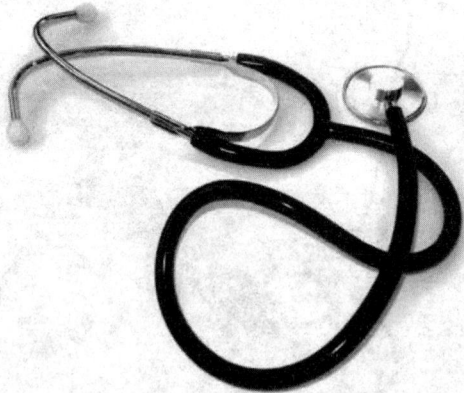

昆仑雪山的勇敢云燕

第 17 届"中国十大杰出青年"颁奖仪式上,姜云燕等 10 名青年获此殊荣。这 10 名杰出青年是我国改革开放和全面建设小康社会进程中,涌现出来的大批优秀青年的代表。面对困难与挑战,他们以无穷的活力和火一样的激情,坚韧不拔,锐意进取,在平凡的岗位上创造出了辉煌的业绩。

肤色黑红、表情和善的姜云燕,生在河北省定兴县农村,未满周岁时母亲去世,5 岁那年又失去了父亲。在党和政府的关怀下,姜云燕和其他孩子一样走进了课堂,一直读到初中毕业。党和人民的哺育,使她从小就感到了祖国大家庭的温暖,决心长大后用青春和热血报答祖国的养育之恩。小时候,姜云燕就喜欢读关于雷锋、黄继光、邱少云等英模人物的书籍,听解放军征战疆场的英雄故事,随着年龄的增长,参军报国的愿望愈来愈强烈。

1993 年 5 月的一天,中央人民广播电台《军事生活》节目,报道了喀喇昆仑三十里营房医疗站英雄群体的感人事迹。17 岁的姜云燕内心受到很大震动,牢牢记住了一个叫"三十里营房"的地方,有一群白衣天使在那里牺牲奉献。她下定决心,要加入到那个英雄群体中去。与她相依为命的姐姐说啥也不肯同意,许多好心的乡亲们知道后都纷纷劝她,却都没能动摇姜云燕的决心。

两个月后,从未出过远门的姜云燕,带着东拼西借来的 500 元钱,经过半个多月的颠簸,终于来到了白雪皑皑的喀喇昆仑山,找到解放军第十八医院。但因过度劳累,她病倒了。面对辗转万里、要求入伍的姜云燕,医院领导犯了难:招收这样自动到部队的农村姑娘入伍,在部队尚无先例。于是,院领导苦口婆心劝她回家。

可任凭怎么劝说,姜云燕就是不走。"我要当兵,我要在喀喇昆仑山上,像你们一样为边防官兵服务,哪怕让我当编外兵也行!"风尘仆仆的姜云燕眼含泪水,恳求部队医院的领导。

面对这样一个执着的姑娘,领导暂时让她在医院干些力所能及的活。从此,三十里营房医疗站多了一个从早到晚忙个不停的年轻身影。姜云燕既能吃苦,又心灵手巧,每天打扫卫生、做饭洗衣、端屎倒尿,脏活累活抢着干,还悄悄地学会了换药打针。她的执着和真诚感动领导,同年12月特别批准她成了一名光荣的白衣战士。

从入伍的那一天起,姜云燕就一再要求到三十里营房医疗站工作。三十里营房医疗站位于海拔3700多米的喀喇昆仑山腹地,是全军海拔最高、条件最差、环境最苦的医疗机构。昆仑山号称"万山之祖"和"世界屋脊",气温一般都在零下摄氏二三十度,大气中含氧量不足平原的一半,是世界上高原急性病多发区。在这样险恶的环境中巡诊、治病,要比在平原上多付出数十倍的辛劳。初次上山,姜云燕嘴唇发紫、眼圈红肿,吃不下饭、睡不着觉,但看到哨卡上那些和她年龄差不多的战士,每天身负重荷,在缺氧、陡峭的山地跋涉,在风雪中巡逻,想一想前辈们的英雄业绩,她又增添了许多战胜困难的勇气和力量。

姜云燕认为:挽救生命是第一位的,其他都是第二位的。一次,从红柳滩送来一个已处于深度昏迷的甘肃籍民工,病人患的是高原肺水肿合并脑水肿,右心室已失去功能,粉红色泡沫样的痰从他口鼻中直往外冒。病人生命垂危,必须立即清口吸痰。可当时站里没有吸痰器。为了挽救病人的生命,姜云燕毅然嘴对嘴地把病人口中的痰吸了出来。经过紧张的抢救,病人转危为安。病人出院后给部队写信说:解放军是我的救命恩人,我要让我的子孙后代永远记住你们,对你们的恩情,我一辈子也报答不完。

在山上,姜云燕担任的角色不光是护士,还是一个军人、姐姐、妹妹,甚至是心理医生。病人经常处在缺氧状态,大脑无意识而不配合治疗。有一次,一位小战士因高原反应导致神志不清,撕破了床单,冲向病房的玻璃,自己的手也被玻璃划破,流出鲜血。姜云燕不知哪来的劲儿,一把就把小战士拽了回来,即便病人又踢又打又骂,仍不肯放手,最后硬是将他按进被窝。为了怕他再情绪激动,姜云燕一直陪到后半夜。出院时,战士含着泪不停地说:"谢谢姐姐,谢谢姐姐!"

在"天上无飞鸟,地上不长草"的喀喇昆仑山上,除了高山反应和病魔带来的痛苦外,最难耐的莫过于寂寞和无聊。一次值夜班,姜云燕接到一个哨卡打来的电话:"我们哨卡上好几个战士病了,病得不太重,只是在山上待的时间久了,心里憋得难受。"听到这里,姜云燕在电话里一首一首为战士们唱起了歌。当唱完《说句心里话》时,她情不自禁地流下了眼泪。打那以后,姜云燕的工作中多了个"心理医生"的职务:主动陪士兵聊天。到她离开这个医疗站的时候,战士们给她写的感谢信,已存了满满两大箱。

"干一行,首先要爱一行,从进入这行的第一天起到离开。"这是姜云燕对自己做好一个护士的基本要求。也正是这种执着的精神支撑,她一次次冒着生命危险来到哨卡,爬冰卧雪到哨卡巡诊防病治病。按规定,驻守高海拔地域一年得下山休整,而她坚持在喀喇昆仑山上,一待两年才下山。10多年来,姜云燕已为官兵巡诊4万人次,行程8万余公里,护理病人2100多名,参与抢救危重病人130多人,为官兵织手套90多副,做鞋垫500余双,补衣服300余件,给边防官兵表演节目120多场次,并捐资设立医护人员奖励基金,为近百名边防官兵进行心理咨询。先后荣立一等功、二等功各一次。

后来,姜云燕被保送深造,毕业后仍坚决要求回到魂牵梦萦的喀喇昆仑山,成为迄今为止,在海拔4500米以上高原工作时间最长的女军人。姜云燕矢志报国的传奇经历,多家新闻媒体报道后,在全国各地引起了强烈反响。一时间,荣誉、鲜花和掌声包围了她,还有不少的求爱信寄来,有的家住大中城市,家庭条件十分优越,有的提出结婚后将她调离艰苦地区。但姜云燕不为所动,她心目中的伴侣,首先必须理解她对理想和事业的追求,支持她永不离开喀喇昆仑山。最终,"绣球"抛给了一个长年驰骋高原的汽车兵。

有了身孕的姜云燕，依然申请上医疗站工作。临产前一个月，院领导建议她休假，姜云燕看到科里人手少，护士忙不过来，就顽强地坚持着。由于过度劳累，小孩比预产期提前一个月降生了。儿子刚满百天，姜云燕就跟丈夫商量将孩子送回老家，自己准备上昆仑山守防。到家后，公婆有点不理解，埋怨道："你刚生完小孩，身体还没有完全恢复好，再说，这一上山，就是一年，你丢得下吗？"但姜云燕想，趁着自己年轻，还能多上几趟昆仑山，多为部队做点贡献。她耐心说服公婆，依依不舍地告别了心爱的儿子，踏上了上山的征程。

姜云燕上山后，被任命为医疗站护士长。她深知肩上的担子更重了。白天进行正常的护理和管理工作，晚上加班加点学习有关管理知识，运用条令条例和医院的规章制度对人员加强管理教育。针对高原寒区特点，她挤时间组织护理人员进行高原救护训练，用切身体会为大家传技术、教方法，提高护理水平。2001年6月，某部在喀喇昆仑山进行高原适应性训练时，有20多名战士突发高原肺水肿和脑水肿。姜云燕带领抢救小分队，连夜赶到海拔4900多米的甜水海兵站接回病人，经过精心治疗和护理，病人无一人死亡。军区司令员高度赞扬姜云燕，并专程到医疗站接见了她。

医院考虑到姜云燕的身体状况，调整她下山到传染科任护士长。她把在喀喇昆仑山上的优良作风带到了科室，带领所属人员加强业务学习，努力提高护理质量。2003年5月，"非典"疫情在全国蔓延，传染科被上级指定为"非典"隔离定点科室。当时，科主任在兰州学习，她一个人带领全科人员，吃住在科室，对发热观察人员采取果断措施，在短短一个月时间里，先后接收部队和地方隔离人员80多名，圆满完成了任务。

儿子长到2岁时，姜云燕回老家接他回来，儿子怎么也不肯叫妈妈。在返回的列车上，儿子醒来后哭闹着要找爷爷奶奶；归队后每次到幼儿园接儿子回家，小家伙总是不让碰他。姜云燕偷偷哭了好几次，她深知欠儿子的太多，但一想到山上的战友们，又认为自己这样做是值得的。作为一名军人，特别是边防军人，在"小家"与"大家"的天平上，自己必须无怨无悔地选择奉献和牺牲。

姜云燕曾收到一位哨卡战士写给她的信。信中说：当我面对群山雪海，倍感寂寞无聊时，我就想到了你们；当我眼望明月寻找亲人身影时，让我平静而又自然地接受现实的，也是你们。因为在喀喇昆仑高原上，还有像你们这样外表看似柔弱，却比男子汉还要坚强的女兵并肩战斗，再苦再累也能坚持。

2003年姜云燕荣获第三十九届"南丁格尔奖"，被誉为喀喇昆仑山上的"昆仑卫士"。姜云燕说，是英雄群体，是喀喇昆仑的精神，是高原边防士兵们的热血、激情，感召着她翱翔在喀喇昆仑雪山的上空。

逐梦箴言

"芸芸众生，谁不爱生？爱生之极，进而爱群。"姜云燕把最美好的年华，全部献给了喀喇昆仑山的雪域高原。这位年轻的党的十七大代表，怀着对祖国的忠诚和对边防事业的执着，坚守在全军海拔最高、环境最苦、保障最难的医疗站上，把维护官兵身心健康、真情奉献雪域昆仑作为最大光荣。她是巍巍昆仑最美丽的"生命女神"！

知识链接

昆仑山

昆仑山脉是亚洲中部大山系，也是中国西部山系的主干。从东向西绵亘2 000公里，西起塔吉克的帕米尔，东至昆仑山口和毗邻的青藏诸山脉——布尔汗布达山脉、巴颜喀拉山与阿尼玛卿山。昆仑山宽度变化相当大，很少超过201公里。在西部边际，该山形成中国西部西藏高原与塔里木盆地之间的一个内亚壁垒。北部支脉阿尔金山继续延伸这一山脉组合。

昆仑山传说

昆仑山，又称中国第一神山、"万山之祖"、昆仑丘或玉山。昆仑山由于其高耸挺拔，成为古代中国和西部之间的天然屏障，被古代中国人认为是世界的边缘；昆仑山的终年积雪令中国古代以白色象征西方。传说昆仑山高一万一千一百一十四步二尺六寸。其下有不能浮起羽毛的弱水，外围还有生长持续燃烧不灭的神树的炎火山。昆仑山顶是黄帝的帝之下都，有开明兽守门。古代神话认为昆仑山中居住着一位神仙"西王母"，人头豹身，由两只青鸟侍奉。是道教正神，与东王公分掌男女修仙登引之事。

昆仑山人文历史

昆仑山在中华民族的文化史上具有"万山之祖"的显赫地位，古人称昆仑山为中华"龙脉之祖"。《史记·大宛传》中记载："汉使穷河源，河源出于寘，其山多玉石，采来，天子案古图书，名河所出山曰昆仑云。"中国古老的地理著作《山海经》、《禹贡》和《水经注》对它都不只一次提到，其中大多记述都带有神奇的色彩。如李白的"若非群玉山头见，会向瑶台月下逢"的美诗；毛主席的"横空出世，莽昆仑"的华章；女娲炼石补天、精卫填海、西王母蟠桃盛会、白娘子盗仙草和嫦娥奔月等，《山海经》中对此有详细记载，中国古典名著《西游记》、《封神演义》，现代经典小说，金庸的《天龙八部》，桐华的《曾许诺》，沧月的《七夜雪》，天下霸唱的《鬼吹灯》和笑愚的笑容的《重生的淡然日子》等多部通俗小说，都提到过昆仑山。

■ 山窝里飞出的金凤凰

湖南省湘西土家族苗族自治州，属于西北云贵高原东侧的武陵山区，境内有汉、土家、苗、回、瑶、侗、白等 30 多个民族。

在武陵山区深深的腹地，满眼所见的，是山连着山，山套着山，山衔着山，山抱着山。千山万岭，峰峦叠嶂，最高峰为贵州的凤凰山。农民们在狭窄的坡地上种瓜点豆，连一尺见方的泥土都不肯放过，统统被垦为耕地。山里汉子在那里犁地，三五步便到了头，半站在悬崖边，既不能进，也不能退，于是，人们只得从泥土里提起沉重的犁辕，使劲儿往后拉，身子后坐，几乎悬空在山崖外。

上世纪 50 年代前后，那里的条件还相当艰苦。1952 年，年方 20 的周娴君从学校助产专业毕业后，来到贫穷落后的湘西工作，虽然早有心理准备，但还是被眼前的情景吓了一跳——十来间破旧的矮木屋，加上一栋摇摇欲坠的二层楼房，居然就是一所堂堂的地区级人民医院！

院里仅有 30 多张病床，设备简陋，医疗技术力量薄弱，特别是护理工作竟没有一名正规护士学校毕业的护士，许多病人得不到正规的护理治疗。医院护理员大多只是简单培训，素质低，没有消毒、保护观念，甚至出现插胃管误入气道使人窒息的事故。面对这种缺医少药的状况，周娴君的心被深深地触动了，实在无法想象，湘西 30 多个民族的父老乡亲，竟然是在这样艰苦的医疗环境中生存的。

年轻的周娴君没有退缩。环境的艰苦反而激发了她的救死扶伤、实行人道主义的责任感；南丁格尔的形象瞬间清晰高大起来，当初战地医院的环境应该比此时此刻的环境更糟糕，但南丁格尔为护理工作却牺牲个人的一切，多么伟大啊！那么我，为什么不能去做有益于病人的工作，改变湘西的医疗现状呢？

医院院里一栋宿舍也没有，周娴君只能寄居在老百姓家中。一心想做中国的南丁格尔，但现实环境让她有些不适应，要知道，之前她是父母身边的独生女，虽然不能称为养尊处优，至少在空间上活动自由。而寄居在老百姓家里，出出进进的，对于一个年轻的女孩子来讲，实在多有不便。父母得知情况后，心疼急了，写信安慰她别上火，一定会设法将她火速调回长沙的。

但周娴君没有让父母那样做，坚持留了下来。她觉得没有克服不了的困难，那些老百姓能几代人在这里生活，她也一定能。记得参加工作后不久，遇到一位横位难产病人。这位病人是土家人，来院之前，被巫婆画符驱鬼折腾了一番，之后又被旧接生婆绑在木梯上，用铁钩强力拉扯胎儿，造成子宫破裂，后来送到医院时，胎儿已死于宫内并糜烂发臭，一些医护人员不愿意接近。周娴君怀着极大的同情心和责任感，仔细为病人洗脸、擦澡，把全身洗得干干净净，使在场的医护人员深受感动。病人含着眼泪说："周护士真比我家里的亲人还亲。"

这件事对周娴君的触动太大了，不仅是因为那个小生命的离去，也不仅是因为医疗环境的艰苦，更有对于那些封建迷信的痛恨。她感觉医护人员肩上的责任很神圣也很重大，既要救死扶伤，还要在思想观念上改变老百姓，让各族兄弟姐妹都能相信科学相信医生，再不要发生巫婆事件。

由于周娴君的工作热情和责任心，患者都很尊重她，同事们也很喜欢她，领导也很器重她。麻风病防治工作形势紧迫而严峻，周娴君被安排到保靖县麻风病防治站，一干就是四年。当时由于社会的偏见，使得一些麻风病人得不到正规的治疗，护理工作更是杂乱无章；许多麻风病人因得不到温暖，有的自暴自弃，有的不愿配合接受治疗。

周娴君再一次感到责任的重大，像当初那些封建迷信思想一样，对病人的歧视如果不破除,病人心理上的伤害可能比身体上的还严重。于是,她既当护士,又当医生,号召全体护理人员接近麻风病人,给麻风病人送温暖,让病人安心治疗。一些胆小的护士看到周娴君这么大胆,开始都不理解,有的甚至以为她想出风头。后来一点点被她的真诚和付出所感动,也加入到"送温暖"的行列。

记得有一位大个子男性麻风病人,因对"氨苯砜"过敏引起剥脱性皮炎,全身大片皮肤剥脱,满身渗液,发高烧,神志不清,大小便都解在床上,同房住的麻风病人都不敢接近他。周娴君了解到这些情况,耐心地询问病人情况,打针、做治疗、翻身、换床单,日夜守护在病人身旁。通过她的精心护理,不但使这个病人增强了战胜疾病的信心,其他麻风病人也开始主动配合治疗,都说:"有了周护士这样的人,我们都有救了。"

周娴君不仅对护理麻风病人做到体贴入微,而且还关心病人的生活,调解病人的家庭矛盾。她在麻风病人住的病房里,组织开展文娱活动,设置病人服务台,帮助病人写信转信,热情接待病人家属,使麻风病人感到极大的温暖。当地无论哪个民族的,都把她看作自己的同胞姐妹。他们将周娴君的事迹写成诗,编成歌,谱上曲子,称她是"湘西女神"。麻风病人出院时,都拉着周娴君的手,唱着他们自编的赞美歌曲向她辞行。每当这时,周娴君都略感欣慰,自己的努力终于替他人找到了幸福,那么一切就都有价值了。

几年后,周娴君由于体弱多病,又被调回自治州人民医院。但她仍然和过去一样忘我地工作。为了不影响工作,她的两个孩子都是满月后即送回老家,直到孩子十几岁才和她见面。她总是说,自己患病后更体会到那些患者的痛苦,再说自己身体再弱也比那些患者强大,一定要帮助患者尽快康复才行。

有一年,医院收治了 24 名尿瘘病人。这些患尿瘘病的少数民族妇女,都是因为医疗设备不全导致的这些病症。周娴君非常清楚,能否摆脱疾病痛苦,关键在手术后护理的好坏。为了保证手术效果,解除少数民族姐妹的尿瘘痛苦,她一面给护士补上尿瘘病护理课,一面亲自参加护理,使手术成功率达到 95%。在这件事之后,在她的建议和四处奔波下,州医院首次开展体外循环心内直视手术，把监护室建立起来，并制订了一套完整的监护制度。她与护士们一道仔细观察病情，记录各种监护数据，为手术的成功提供重要保障。

周娴君担任总护士长后，对自治州医院的护理工作提出了更高的要求，为统一操作规程，提高护理质量，她结合自治州护理工作的实际，编写了护士业务学习资料，以加强对护士的业务培训，提高护士的业务素质。这些资料对提高全州护理人员的业务水平，起到了极大的作用。

周娴君还十分重视护士的职业道德教育，建立健全了一整套被"文革"破坏的护理工作规章制度，坚持早、晚及夜班查房，及时帮助科室改进工作，逐步使医院的护理工作实现了标准化、规范化，使医疗护理质量不断得到提高。她带头干脏活，做重活，以身作则，带动大家的工作热情和积极性。从此，医院的护理工作开创了新局面，连续多年未出现因护理不当而发生死亡事故，多次受到省、州卫生领导部门的表扬。

近年来，在州医院抓预防和控制医院内交叉感染这项工作中，周娴君从调查研究入手，对院内交叉感染做了大量的监测工作。例如空气培养和消毒物品培养，及便器消毒前后的培养等，对控制和预防院内交叉感染取得了较为丰富的第一手资料，并采用相应的有效措施，订出了一套行之有效的规章制度和实施办法，取得了较好的社会效益。卫生部对周娴君给予高度评价，发出"这真是山窝里飞出金凤凰"的赞叹！

周娴君还坚持带学生到基层去实习。她常说，做护士工作就要到基层锻炼，才能培养牢固的救死扶伤精神。一次带学生下乡实习中，由于过溪不慎跌倒、摔伤，臀部出现血肿，疼痛难忍，行走艰难，她怕影响学生情绪，一声不吭，直到完成带教任务。回到医院经拍片诊断为骶骨骨折时，她还是不肯休息，同志们无不为她这种献身精神所感动。

1989 年 7 月 20 日，是周娴君生命旅途中一个辉煌的时刻。这一天，全国政协主席李先念亲自为她颁发了南丁格尔奖章。"凭良心做事"是她干好工作的基本原则；"只有落后的地方，没有落后的工作"，是激励她实现梦想的动力。

逐梦箴言

　　周娴君一心扑在艰苦而又光荣的护理工作上,用自己的全部精力和辛勤劳动换来了病人的微笑和幸福,各族人民也给予了她应得的荣誉,评选她为"全国三八红旗手",称她为"湘西女神"。她热爱自己的岗位,任劳任怨,兢兢业业,这一切值得我们当代年轻人去学习。时代在变,但护理的精髓不变——"人道,博爱,无私奉献"!社会在进步,"先天下之忧而忧,后天下之乐而乐"的思想境界,不能抛弃!

知识链接

武陵山区

　　在中国的土地上,有一座绵延渝、鄂、湘、黔 4 省、面积约 10 万平方公里的山脉,那就是巍巍武陵山。武陵山是褶皱山,长度 420 公里,一般海拔高度 1 000 米以上,最高峰为贵州的凤凰山,海拔 2 570 米。山脉为东西走向,呈岩溶地貌发育,主峰在贵州铜仁市境内江口县、松桃苗族自治县、印江土家族苗族自治县交界处的梵净山。武陵山脉覆盖的地区称武陵山区,2011 年 11 月 29 日上午,中央扶贫开发工作会议在北京召开,会议决定在武陵山片区率先开展区域发展与扶贫攻坚试点。

武陵山区人文风景

　　这里山同脉、水同源、树同根、人同俗。陶渊明《桃花源记》中的"武陵",即今日的重庆市酉阳县,而桃花源就在该县的桃花源风景区。拥有少数民族文化和秀丽的风景:武陵山脉主峰梵净山,奇峰怪石,为五大佛教圣地之一;乌江画廊穿越其中;张家界为世界著名的国家森林公园;湘西凤凰为古代的南长城;黔江的小南海为世界保存完好著名的地震遗址;恩施的清江河流域、黔江的阿蓬江流域和酉阳的酉水河流域,是土家族的发源地；怀化市境内的沅陵是古辰州治所所在，洪江区有保存完整的明清商业古建筑群"洪江古商城"，芷江侗族自治县机场是二战中后期盟军远东最大空军基地，抗日受降纪念碑，会同县为新中国第一大将粟裕的故里，溆浦县为中共第一任妇女部长向警予故里，怀化还有抗日战争最后一战"雪峰山战役"遗址等。西部大开发后，武陵人走出"捕鱼为业"的旧貌，成为中华腹心地带一颗备受关注的璀璨明珠。

土家族

也称毕基族、毕基卡族，是中国人口最多的少数民族之一，分布于湘、鄂、黔、渝毗连的武陵山区。1956 年 10 月，国家民委通过民族识别，确定土家族为单一民族。通用语言为土家语和汉语，崇拜祖先，信仰多神。土家织锦又称"西兰卡普"，是中国三大名锦之一。摆手舞、酉阳民歌、酉阳古歌列入国家级非物质文化遗产名录，酉阳 2010 年 10 万人同跳摆手舞创造吉尼斯世界纪录。传统节日有：吃新节、舍巴日、赶年、牛王节、花朝节、洗神节等。特色食品粑粑（糍粑）、腊肉、油茶、白辣椒、合菜等。服饰女装为短衣大袖，左衽开襟，滚镶两至三层花边，镶边筒裤或裙；男装为对襟短衫。土家族爱群居，爱住吊脚木楼。

■ 冰清玉洁的雪莲花

雪莲花,一种生长在西北边陲海拔3000米雪山上的高寒植物,却绽放着玉洁冰清的花朵。聂淑娟,一位拥有雪莲花般坚韧个性和高洁精神的护理界精英,在40余年的人生履历中,默默地奉献着自己的青春和热情。

都说爱美丽是女孩的天性,40多年前的小聂淑娟就特别喜欢美。当时她家住在新疆维吾尔族自治区人民医院附近,每当看到护士头戴燕帽的美丽形象,觉得穿着洁白工作服跟天使一样。于是,15岁的聂淑娟不顾家人的反对,选择了护士这个不太"体面"的工作,还骄傲地幻想——穿着白色的护士服走来走去,是件很美的事情。

1965年毕业后,聂淑娟被分配到原新疆医学院一附院儿科。一走上护理岗位,活泼开朗的她才发现,护士工作根本不是想象中的那回事:走廊里挂的全是尿布,凳子上、桌子上躺满了小患者;尿骚味儿和震耳欲聋的啼哭声,是当时儿科最明显的特征。而上岗后的第一件事,就是学习闻识小宝宝的大便——酸臭说明是消化不良,腥臭说明是细菌感染。科室里的种种,简直让出身于干部家庭、从小就爱干净的聂淑娟措手不及。"可孩子康复后的笑脸就像有魔力一样,让我舍不得离开。而且,就这样干了40年。"

儿科病人病情变化快,需要护士细之又细并持续不断地观察、护理。年轻的聂淑娟拼命学习护理知识,请教经验丰富的老护士,并从实践中寻找到提高业务水平的有效办法——那就是完成常规护理后,想办法跟随医生查房,甚至旁听会诊,随时了解患儿病情的发展。这样就能很好地配合医生的治疗。工作中,聂淑娟爱岗敬业,以自己的认真、踏实和勤奋获得了同事和患者的广泛好评,在专业知识和技能水平方面也有了迅速提高。30出头就成了当时该院最年轻的护士长。

有一天,她值夜班,忽然听到前面一个小组的护士大喊:"救人!"险情就是命令,当时已怀孕40多天的她迅速向喊声冲去。因为水磨石地面有水,一个趔趄"扑通"一声摔倒在走廊上,想到抢救患儿生命要争分夺秒,她忍着剧痛艰难地爬起来,冲到病床前。经及时抢救,那位患儿终于转危为安,她却尾骨骨折,所幸腹中胎儿平安无事。

"在医院,有抢救,你就得上。"聂淑娟说这是每一个医护人员的职责。事后,医生要求她卧床休息两周,她却将假条揣进口袋,照常上班。因为无法坐下,她就站着护理病人,站着书写护理文书,站着与别人交谈,被姐妹们亲切地称为"我们站着的护士长"。

一个叫丽丽的6岁小女孩,因患白血病给家庭带来了巨大的负担。在频频遭受家人"冷落"时,聂淑娟给了她母亲般的温暖和关怀,给她买衣服、买小人书、讲故事……孩子临走时,拉着她的手,一遍遍地喊:"阿姨,别离开我!"

1969年,南疆地区暴发传染性肝炎,自治区组织医疗队支援当地的医护工作。那里交通不便,条件恶劣,很多人犹豫了。但聂淑娟不顾家人的强烈反对,毫不犹豫地报了名,成为医疗救助队中最年轻的队员,并且选择了条件最艰苦的帕米尔高原。当时的想法很朴素,聂淑娟就是觉得应该对得起这份职业。

乘坐的卡车,像极了电影里看到的打仗时的运兵车,一路尘土一路摇晃一路坡陡路险,从铢到喀什再到塔什库尔干,经过七天颠簸,行程2 000多公里,他们的队伍终于到了海拔4 000米的热合曼公社。"生命禁区"的缺氧感觉,就是提桶水都喘不上气。但是,聂淑娟没有时间"适应环境",必须马上投入工作。

一天下午,一位塔吉克族牧民急急火火地闯进公社卫生院求救:他的妻子在家中分娩,出现了危险。当地交通很不便利,只能骑马,从未骑过马的聂淑娟二话没说，立即与一位医生备鞍上马，一路飞奔。由于途中不断加快速度，她几次险些从马上跌落，但还是继续伏在马背上前行着。因为她比谁都清楚：这个时候，时间就是生命，根本没有别的选择！

三个多小时后，他们终于来到了牧民家中。经检查，产妇因胎位不正导致难产。聂淑娟与同行的医生密切配合，凭借医学技术和丰富的经验，顺利完成了接生。产妇得救了，可却发生了另外一个险情——孩子因生产时间过长，出现了窒息！聂淑娟毫不犹豫地嘴对嘴，吸出了流入孩子口中的羊水和胎粪。最终，母子平安，聂淑娟感到莫大的慰藉。不过在回去的路上，由于无人带路，几次迷路，再加上她骑术不佳，过河时被马拖在水里打转，简直就像个落汤鸡。新疆昼夜温差大，为了避免感冒，聂淑娟赶紧拖着疲惫的身子，给自己煮姜汤喝。

当时帕米尔高原的生活相当艰难，可能今天的人已经很难想象。高寒地区没有蔬菜，他们就自己生点豆芽。有一次，好不容易宰了个羊，大家舍不得吃，就把煮好的肉放在一个盆里，今天挖一勺，明天挖一勺。突然有一天，有人大喊："呀！这豆芽怎么只有芽，没有豆？"大家赶忙凑过来看：天啊，羊肉里爬着白白胖胖的蛆。

凭借着优异的表现，聂淑娟成为全疆唯一一个外派进修的护士。经过三年的学习，她第一次将责任制护理的概念引入新疆，并率先在医院的普外科和心血管内科进行试点，极大调动了护士的积极性。护士也收到了患者的感谢锦旗。聂淑娟很是自豪，责任制护理随即在医院全面推开，护理质量由此得到了很大的提升。

聂淑娟是一位公认的"护士长妈妈"，却不是称职的女儿和合格的母亲，也不是合格的妻子。她最大的遗憾，是不能陪伴母亲走完人生最后一程。那年聂淑娟离开新疆去学习，母亲被确诊为癌症，暑假回来时，已经是癌症晚期。原本想留在母亲身边，可老人却不想耽误女儿的事业，硬是将含泪的聂淑娟推出了家门。没过多久，老人就过世了。除了母亲，对于孩子她也充满了愧疚。由于工作太忙，丈夫又在外地，幼儿园更像是孩子的家，她每天都是最后一个来接孩子，每次在幼儿园看着孩子期盼的眼神，她都很内疚。

自 1997 年 10 月以来，聂淑娟不顾山高路远，严寒酷暑，更不顾自己身患高血压、糖尿病，不懈地往返南北疆讲课，走遍了新疆 16 个地州，举办了 30 多期继续教育学习班。常常是白天讲课，晚上赶路，几年来，为全疆各地培训护理人员 10 000 多人次。作为红十字会会员，聂淑娟在全疆大力普及卫生救护和防病知识，为新疆的医学发展做出了卓越的贡献。

逐梦箴言

"只有用心去护理，才能感受到心的回报。"这是聂淑娟在艰苦的环境中鼓励自己的话。从救死扶伤的天使到教书育人的园丁，聂淑娟成功地完成了一次"角色转变"；唯一不变的，是她那雪莲花一样的心灵和情怀。如今，聂淑娟身上有许多光环：2007 年第 41 届南丁格尔奖章获得者；"新疆维吾尔自治区巾帼建功先进个人"等等。不过，她说自己只是一名平凡的护士，能获得南丁格尔奖，是新疆的艰苦环境给了她拼搏的力量！

知识链接

帕米尔高原

"帕米尔"是塔吉克语"世界屋脊"的意思，高原海拔 4 000 米 ~ 7 700 米，拥有许多高峰，古代称葱岭，是自汉武帝以来开辟的丝绸之路之必经之地。帕米尔高原位于中亚东南部、中国的西端，地跨塔吉克斯坦、中国和阿富汗。目前除东部倾斜坡仍为中国所管辖外，大部分属于塔吉克斯坦，只有瓦罕帕米尔属于阿富汗。最高峰为中国境内的公格尔山(7 719 米)。帕米尔高原是地球上两条巨大山带（阿尔卑斯 – 喜马拉雅山带和帕米尔 – 楚科奇山带）的山结，也是亚洲主要山脉的汇集处，包括喜马拉雅山、天山、昆仑山、喀喇昆仑山和兴都库什山五大山脉。

新疆维吾尔族自治区

最原始的称呼是柱州。1757 年，清乾隆帝再次收复故土，把这片土地命名为"新疆"，取"故土新归"之意。清乾隆二十四年合并天山北麓及天山南麓，改称伊犁。1955 年 10 月 1 日成立新疆自治区，简称"新"。位于亚欧大陆中部，地处中国西北边陲，总面积 166.49 万平方公里，占中国陆地总面积的六分之一。周边与俄罗斯、哈萨克斯坦、吉尔吉斯斯坦、塔吉克斯坦、巴基斯坦、蒙古、印度、阿富汗等 8 个国家接壤；陆地边境线长达 5 600 多公里，占中国陆地边境线的四分之一，是中国面积最大、陆地边境线最长、毗邻国家最多的省区。

雪莲花

藏语称恰果苏巴，为菊科多年生草本植物。它不但是难得一见的奇花异草，也是举世闻名的珍稀藏药。生长于高山上，以流沙滩上的岩石缝中较多。分布四川、云南、西藏等地。有绵头雪莲花、大苞雪莲花（新疆雪莲花）、水母雪莲花、西藏雪莲花。雪莲花自古被视作爱情的象征，花语：纯白的爱。早在清代医药学家赵学敏所著《本草纲目拾遗》中记载，是藏、蒙、维吾尔等民族的名贵药材，有抗癌、抗炎、抗自由基和抗疲劳等作用。

● 智慧心语 ●

物不经风霜则生意不固,人不经忧患则德慧不成。

——杨名时

人只有献身于社会,才能找出短暂而有风险的生命的意义。

——爱因斯坦

艺术的大道上荆棘丛生,这也是好事,常人望而却步,只有意志坚强的人例外。

——雨果

有人问鹰:"你为什么到高空去教育你的孩子?"鹰回答说:"如果我贴着地面去教育他们,那它们长大了,哪有勇气去接近太阳呢?"

——莱辛

坚硬优质的钢条,是经过千锤百炼而成的;瑰丽美观的贝壳,是经过水冲日曝而得的。意志和毅力,必须接受严峻的考验,接受长期的锻炼,只有这样才能在困难面前,永远热情备发,斗志昂扬。

——加里宁

第九章

自由和平是永恒的主题

◦导读◦

　　雨果说，鲜血不是甘露，用它灌溉的土地不会有好收成。古今中外，武力和战争只是表现人类的脆弱罢了。世界真正需要的，是自由和平；生命的赋予，应该是为了人类的繁荣与幸福去奉献。人类的呼唤，就像是一颗永恒的星星，乌云掩不住它的光芒，暴风雨吹不散它的执着。特别是在今天，和平不是一个理想，也不是一个梦，而是亿万民众的愿望！超越国界，超越亲情，自由和平是人类永恒的主题！

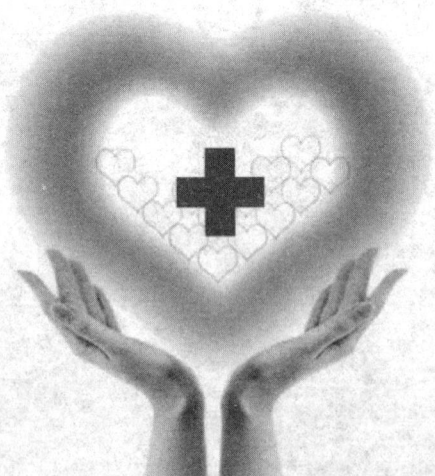

■ 唱响《上甘岭》不朽的赞歌

　　"一条大河波浪宽，风吹稻花香两岸，我家就在岸上住，听惯了艄公的号子，看惯了船上的白帆……"每当人们听到这首歌，就会想起电影《上甘岭》中的女卫生员王兰。她勇敢的形象和那悦耳的歌声，已经深深铭记在人们心中。而王兰的生活原型，就是抗美援朝战争中的护士王清珍。

　　王清珍的老家在北京。父亲是平汉铁路工人。她于 1936 年清明节出生，故取名清珍。日本进攻武汉时，她家随之搬到了贵州威宁。1950 年，人民解放军进军大西南，以摧枯拉朽之势解放了她的家乡。解放初期，土匪依然横行乡里，扰乱百姓的安宁生活。十五军第四十五师为剿匪进驻威宁；那时，部队医院缺人，王清珍在医院帮忙。几个月的相处，她和部队建立了深厚的感情，十分向往那火热的军队生活。

　　在部队完成剿匪任务即将离开威宁的时候，王清珍早已压在心底的当兵想法顿时迸发出来。院长看着王清珍那清秀的面容、稚气的神态，觉得是个当卫生兵的好材料，就答应了她的要求。14 岁的王清珍穿上军装，成了一名光荣的解放军战士，从此改变了命运，掀开了人生中波澜壮阔的一页。

　　年轻的王清珍随部队由贵州到四川，沿长江乘木船到汉口，再乘火车到达河北邢台。这时，部队将要赴朝作战。一场空前残酷的战争已摆在这位年轻姑娘的面前。不过，初生牛犊不怕虎，听了首长的动员报告，王清珍热血沸腾，义愤填膺，决心誓死支援朝鲜保家卫国。

车辚辚，马潇潇，1951年，王清珍随中国人民志愿军第十五军跨过鸭绿江。过了桥，那边是另一个世界：城市一片废墟，四处都是燃烧的房屋和残垣断壁，硝烟弥漫，人们在痛苦中呻吟。王清珍暗暗发誓，一定要打败美帝国主义，为朝鲜人民报仇！此时此刻，她忽然感觉自己一下子高大起来，再不是一个文弱的姑娘，而是一名威武的战士。

战斗打响后，王清珍每次都要求上前线。她只要一想到战友们还在浴血奋战，朝鲜人民还在受苦，身上就有股使不完的劲。医疗用品不足，就从敌人的尸体上收集急救包；绷带不够用，就去捡敌人投照明弹的降落伞，把它撕成条做绷带；药棉用完了，就从棉衣里抽出棉絮煮沸后做药棉……战斗越激烈，伤员就越多，收容所的担子就越重。王清珍拼命地干，不知疲倦地干，没白没黑地干，觉得多做一件工作就多一分光荣，多一分胜利。

1952年10月14日，上甘岭战役打响。当时，王清珍一个人要负责3个坑道的20余个重伤员。每天除了给伤员清洗、包扎伤口外，还承担起许多特殊任务。一次，医院来了一批伤员，他们过河时，河水结了冰，脚全冻坏了。王清珍和姐妹们帮伤员把鞋袜脱下来，先用温水泡，然后将他们的脚放在自己的怀里捂，捂热一个再换一个。一位姓李的重伤员全身裹着绷带只露出鼻子和嘴巴，喉部也被灼伤，失去了吃饭的能力，王清珍将饭、菜嚼烂，口对口地喂了起来。这时，她只有一个信念，千方百计抢救伤员的生命，尽最大努力减轻他们的痛苦。

在一个深夜，王清珍到2号坑道查房时，听到"哎哟，哎哟"的声音，这是刚从阵地上抬下来的腹部受重伤的曹排长。从曹排长的痛苦表情上看，王清珍判断曹排长可能是小便失禁。

王清珍说："你伤很重，不要动！我来帮助你。"而曹排长坚决不肯，说自己能行。但是，任凭曹排长怎么用力，就是一点尿都尿不出来。随即，曹排长又"啊呀"一声说："胀死我了。"

王清珍俯下身子一摸，他的肚子像打足气的皮球。曹排长身体虚弱，伤口又痛，已无力排尿。如果不立即排尿，就会导致膀胱破裂或者尿中毒。王清珍迅速采用导尿管导尿，但毫无结果。王清珍急得浑身冒汗，想去找医生，又担心她离开后，万一发生意外更危险。正在这时，忽听一位伤员说，如果他能动弹，用口吸也要把尿吸出来，救活排长。

"用口吸？"当时，王清珍犹豫了一下，毕竟她是个年轻的姑娘，男女有别啊。不过，这种想法立刻被强烈的战友情战胜了，战场不分性别——救人要紧！想到这里，王清珍立即蹲下，含着导尿管吸了一口，没吸出来，又吸了一口还是没吸出来，第三口，她用尽力气，终于吸出了一口尿，又咸又腥，呛得她直想吐。她忍着这份难受，接上罐头盒，尿滴滴下淌。曹排长恢复了平静，所有战士都对王清珍无比感激。那一刻，王清珍感觉到的却只是欣慰，能尽自己的力量帮助伤员，是她的职责。

黄继光舍身堵枪眼的英雄事迹，已经收录在小学课本里，而王清珍作为战地护士，曾经亲自在炮火中抢运英雄的遗体。那是19日凌晨，在对零号阵地的几个敌人地堡实施爆破中，黄继光舍身堵枪眼，壮烈牺牲。当时敌我处于激烈的"拉锯战"阶段，在这样的态势下，要想将烈士的遗体运回来是十分困难的，几次尝试都没有成功。在黄继光牺牲三四天以后，抓住战斗的间歇机会，卫生员王清珍、官义芝、何成娟和不知道名字的男战士一起，迅速接近敌人残破的碉堡，几个人努力从碉堡的机枪射孔上，把黄继光烈士的遗体移开，并迅速运到了收容所坑道旁边的小松树林子里。

在很低的温度下，烈士的遗体已经僵硬，双目圆睁，两手高举，依然保持趴在射孔上的姿势；左肩挎着黄挎包，右肩挎着弹孔斑斑的水壶和手电筒；胸腔已被子弹打烂，形成一个很大的血洞。由于天气寒冷，血衣紧紧粘在身上无法脱掉。卫生员们含着泪将烈士脸上的血迹洗干净，用温水把血衣浸软，王清珍再用剪刀一块块剪下来。

在给黄继光遗体穿新军服时，他那高高举起的双臂僵硬得怎么也放不下来。四个女卫生员和三个男同志用铁丝吊着四五个小汽油桶烧水，再用烫热的毛巾持续敷到第三天，整个遗体都软和了，四肢也能扭动了，他们这才给烈士穿上新军服，整理好遗容，然后装进从祖国运来的棺木里。王清珍被黄继光的精神深深鼓舞，决心做一个英雄那样的人，把伤员照顾得更细致、更周到。

坑道的生活异常艰难，不仅缺水缺药，而且空气混浊。为了给伤员们解闷，王清珍唱起了陕北民歌："花篮的花儿香……南泥湾好地方……"一曲唱完了，伤员们把头伸过来："好妹妹，再唱一曲吧！"王清珍大大方方地说声"好咧"，又唱起了"解放区的天是晴朗的天，解放区的人民好喜欢……"在上甘岭，她像一只春天的小燕子，给残酷的战争注入了生气和活力。

1997 年 10 月 1 日 6 时零 5 分，当北京天安门广场英姿勃发的国旗护卫队出现在金水桥上时，满头银发、胸前挂满勋章、奖章的王清珍站在天安门观礼台上百感交集，激动不已。为了五星红旗的升起，多少英烈前仆后继，英勇奋斗；如今，国家正一步步强大起来，人民生活一步步提高，王清珍终于高兴地笑了！

逐梦箴言

"斗志豪情震山河，甘洒热血写春秋！"王清珍和黄继光等战士一样，被称为"共和国的骄子、人民的英雄"；而她却坚持认为自己不是英雄，只是人民的女儿，功绩归功于党，归功于祖国，归功于人民，归功于那些牺牲在朝鲜战场上黄继光式的烈士……沿着英雄的足迹，感恩今天的幸福生活，我们要高声说：共和国不会忘记你们，人民不会忘记你们，人类和平的史册永远记载着你们的丰功伟绩！

知识链接

抗美援朝战争

20 世纪 50 年代初，中国人民志愿军奉命出兵朝鲜，为援助朝鲜、保卫中国安全，与美国为首的"联合国军"发生的战争。

彭德怀为总司令兼政委,得到了以苏联为首的社会主义阵营的配合。1950 年 10 月 1 日美军越过北纬 38°线(简称"三八线"),占领平壤,飞机公然多次侵入中国领空,轰炸丹东地区,战火即将烧到鸭绿江边。1950 年 10 月 8 日,朝鲜政府请求中国出兵援助,中国作出"抗美援朝、保家卫国"的决策。1950 年 10 月 19 日,中国人民志愿军赴朝参战。1950 年 10 月 25 日,打响了入朝后的第一仗。1953 年 7 月 27 日,停火协定签字,朝鲜战争结束。10 月 25 日定为抗美援朝纪念日。

上甘岭战役

1952 年 10 月 14 日,朝鲜战争后期僵持阶段的一次主要战役,名扬天下。中国人民志愿军所取得的辉煌胜利,使得上甘岭成为一座丰碑!战役由美国第九军发动,以争夺朝鲜中部金化郡五圣山南麓村庄上甘岭及其附近地区的控制权为主,属于"联合国军"金化攻势的一部分。交战双方先后动用兵力达十万余人,前后历时 43 天,在 3.7 平方千米的地区,共发射炮弹超过 230 万发,双方伤亡约 3 万人。此战在中美两国都产生了深远的影响。

电影《上甘岭》

第一部表现抗美援朝的经典影片(黑白),根据电影文学剧本《二十四天》改编,取材于著名的上甘岭战役。影片讲述了上甘岭战役中,志愿军某部八连在连长张忠发的率领下,坚守阵地,与敌人浴血奋战,最终取得胜利。为熟悉生活,编导人员赴朝鲜前线与战士们一起亲身感受,半年时间中访问了一百多人,记录了几十万字的材料。电影插曲《我的祖国》成为红色经典歌曲,由乔羽作词,刘炽作曲,郭兰英首唱。

知识链接

我的未来不是梦

■ 战地天使点燃生命火焰

在欧洲，弗罗伦斯·南丁格尔通过不懈的努力，为战地女护士争得了宝贵的一席之地；然而在美国，女护士只能在医院里而不能在战场上工作，因为美国人认为女护士在战地服务不成体统。可那些曾被克拉拉·巴顿照顾过的伤员却不这么想，他们觉得她非常出色，是他们钟爱的"战地天使"。

1821年12月25日也就是圣诞节那天，克拉拉·巴顿生于美国马萨诸塞州的一个农民家庭。在家里她是最小也是最受宠爱的。那个时代人们对女孩的期望，就是她们能长得漂亮些，将来嫁个好人家，生孩子，然后照顾家人和孩子。但是克拉拉·巴顿却显得很"另类"，她以童稚的目光观察着这个世界，思考着关于这个世界的种种问题。

在11岁那年，她的一个哥哥在给别人建牲口棚时受了伤，整整两年都不能行动。家里的其他人都要出去做工，克拉拉便自告奋勇承担起照顾哥哥的任务。作为一个小女孩，完成这样的工作几乎是不太可能的，但克拉拉·巴顿却做得很开心，也很认真。两年后，哥哥痊愈了，对他这个小妹妹非常感激。

后来不幸的事又降临到家里，另一个哥哥得了天花。这种病人见人怕，连父母都不敢靠近这个儿子，家里又没有钱去医院，只好将他隔离到偏僻的角落，让他自生自灭。但是克拉拉·巴顿再次站出来，坚持留下来照顾哥哥。她不能眼睁睁看着亲人离去，她要用自己的力量把哥哥抢救回来，至少让他减少痛苦……

年少时这两次照顾人的经历,让克拉拉·巴顿产生了强烈的悲悯情怀,她开始意识到生命的脆弱和无助,也感受到良好的护理能带给病人的力量和感动。她的心里悄悄滋长一个愿望:将来一定要多去关心照顾别人。因为给予爱,让她感到前所未有的快乐。

那时候由于家境不富裕,克拉拉·巴顿小时候并没去接受学校教育,而是由哥哥姐姐在家教授。这样的环境导致她的性格相对羞怯,出行或者交朋友都很困难,还是待在父母身边或者守在农场最安全。为了治疗她的这种胆怯,有人建议她去做教师,于是 16 岁的克拉拉·巴顿通过教师资格考试,成了家乡附近一名极受欢迎和尊重的教师。

在教学的几年里,克拉拉·巴顿意识到有很多东西是她所不知道的,强烈渴望去了解更多知识,接受更高级的教育。可惜那时候很少有大学愿意收女生,克拉拉只好到一所特别女子学校进修。在那里,她最感兴趣的是公共教育课,她的心灵一下子触摸到更广阔更奇妙的世界。

毕业后,克拉拉·巴顿想为新泽西的穷人孩子建立一所公立学校,可是官员们不同意,他们认为上学是有钱孩子的专利。克拉拉·巴顿坚持自己的态度,她主动放弃三个月的薪酬,还请求官员们等她成功了再决定是否建立学校。官员们根本不相信她会成功,更不理解她为什么要为穷孩子办学。克拉拉·巴顿说,能帮助需要帮助的人,才是真正的快乐。官员摇摇头,给了她一所修建很差的建筑和六个非常淘气的小男孩让她教,想让她知难而退。

五个星期结束了,许多人看到了那六个小男孩的变化,都惊叹不已,纷纷将自己的孩子送到学校。可惜学校太小,容不下太多人,最后官员们不得不盖了更大更好的学校。搬入新址时,学校已有六百多名学生。看着孩子们健康快乐地成长,克拉拉·巴顿比孩子还要开心。

1861 年,美国内战期的一天,克拉拉·巴顿到华盛顿康复中心,去接待一帮来自马萨储塞的士兵。这些人中很多都是她的朋友,因此很自然地开始为他们疗伤。也就是那次经历,让她毅然辞去教师工作,成为照顾战场上下来的士兵的专职护士。她清楚地意识到,如果能得到及时和良好的护

我的未来不是梦

169

理,更多的生命都能保留下来。克拉拉·巴顿决心去前线阵地,于是她奋笔疾书,把一份救治伤员的计划书提交给高级官员,没想到的是,从不允许男战士以外的人上战场的战争条例为克拉拉·巴顿破例了!

在美国南北对峙的内战期间,安铁顿战役是最血腥的战斗之一,而克拉拉·巴顿就工作在这样最血腥的前线。她为重伤员清理伤口,为要死的人减轻痛苦,为幸存下来的人喂饭。很多人都记得那样的场景,那样的场景也经常在战地上出现过——

"一颗子弹从克拉拉·巴顿的身边呼啸而过,击中了她正在照顾的一位伤员。克拉拉·巴顿身材瘦小,与她周围这个硝烟弥漫的战场很不协调。她穿着那个时代女性通常穿的宽松长裙,看上去不像护士。一位头上缠着带血绷带的年轻中尉拍拍她的胳膊,对她说:"小姐,快离开这儿! 这不是女孩儿该待的地方。"克拉拉·巴顿抬头看了他一眼,她的眼中噙着泪水,仍然在为那位她试图挽救的年轻士兵而感到难过。她答道:"别管我,年轻人,我现在没空。"说着又开始照顾起另一位伤员来……

内战结束后,回到华盛顿,克拉拉·巴顿成了英雄,她向所有偏见势力证明:妇女可以在艰苦的条件下工作,妇女能提供优质的医疗服务,也显示了护理是一项神圣的职业。医生建议她去欧洲疗养,但克拉拉·巴顿却会见了国际红十字会的代表。代表说美国是唯一没有加入该会的大国。就这样,克拉拉·巴顿根本顾不得休息,开始制定成立美国红十字会的计划。

在克拉拉·巴顿的反复争取和坚持下,1881 年,美国国会签署了国际红十字会的世界条约,宣告美国红十字分会成立,克拉拉·巴顿为会长。第二年,她又成功劝说美国国会接受日内瓦协定,为在战争中的伤员和战俘制定了国际规则。至此,克拉拉·巴顿实现了一个毕生追求的主要目标。

任会长的 20 多年时间里,克拉拉·巴顿的爱心得到更广泛的传播。她五次代表美国政府参加在日内瓦、罗马和维也纳等地召开的国际红十字会大会。根据她的建议,大会修改了会章,规定红十字会不仅在战时担任救护工作,平时遇到饥馑、洪水、地震和瘟疫等灾害也要进行救护。她负责过密西西比河和俄亥俄地区水灾灾民的救济;宾夕法尼亚州约翰斯顿洪水灾民的迁移；向俄国饥民分发救济品；到土耳其主持亚美尼亚大屠杀事件的救济工作；在美西战争期间及前后，从事过救济古巴难民和战地救护工作。

克拉拉·巴顿是一位身材瘦小的女子，却像一团火焰，照亮并温暖着病人的心坎；她是世界上伟大的女人道主义者，引发了一场女权主义的运动，证明妇女也能为社会做负责任的工作；她的精神像南丁格尔精神一样闪光！

逐梦箴言

文中的克拉拉·巴顿就像是一位施爱天使，给人以关爱，给人以欢乐，给人以希望，给人以感动，给人以力量，成为护理界永恒的"战地天使"。也许只需一滴水，干枯的枝叶就不会枯萎；也许只需要一丝温暖，受伤的翅膀就能翩翩起飞。人间绿了，因为有春天；花瓣笑了，因为有阳光。只要你肯留心，那么一定会发现——爱之花开放的地方，是生命在欣欣向荣地成长！

知识链接

南北战争

1861 年 4 月 12 日至 1865 年 4 月 9 日，又称美国内战，是美国历史上一场大规模的内战，参战双方为美利坚合众国（简称联邦）和美利坚联盟国（简称邦联）。这场战争的起因，是美国南部十一州以亚伯拉罕·林肯于 1861 年就任总统为由而陆续退出联邦，另成立以杰弗逊·戴维斯为"总统"的政府，并驱逐驻扎南方的联邦军，而林肯下令攻打"叛乱"州。此战改变了当时美国的政经情势，导致奴隶制度在美国南方被最终废除，颁布了《解放黑人奴隶宣言》和《宅地法》，对日后美国的民间社会产生了巨大的影响。

美国红十字会

全球最大的救援组织之一，非营利性质的慈善机构。创建于 1881 年，国会在 1990 年正式承认这一组织，并给它制定了正式章程。主要职能分为四个领域：血液采集、灾难救援、救护战争中的士兵和受害者、社区教育和宣传。由 990 个区级或市级分会组成。每个分会都由全国理事会正式授权。会长由 50 人的理事会选举产生，美国总统被视为理事会的名誉主席，而且有权任命八位理事会成员；其他的 42 位成员由每年的全国代表大会选举产生。

■ 跨越国界的铿锵玫瑰

她于 2011 年获得第 43 届"南丁格尔"奖章,并受到胡锦涛主席的亲切接见;她放弃安逸的生活,毅然选择到异国他乡的枪林弹雨中去维和;她抛开患病的亲人,毅然选择到震中海地的恶劣环境中去救援。她就是陈声容,一个让自己的选择如此纯粹、如此崇高、如此美丽的白衣天使。在她的身上,人们时刻都可以闻到"铿锵玫瑰"的花香。

2004 年底,陈声容受命参加南京军区第二批赴利比里亚维和医疗队。利比里亚地处大西洋西岸,多年战争使这个国家满目疮痍、民不聊生。零距离和艾滋病人接触,陈声容虽然早有心理准备,但当被患者的呕吐物溅得身上到处都是时,还是有点慌乱。看着病人被疼痛折磨得扭曲的脸庞、充满绝望与无助的眼神,陈声容的心被深深地刺痛了。她微笑着轻轻擦拭患者嘴角残留的污物,主动与病人沟通,增强他们战胜疾病的信心。

曾有一位患晚期艾滋病的埃塞俄比亚士兵,送到医院来时身体状况极差,高热、站立不稳。陈声容没有任何歧视,像亲人一样喂水喂饭、酒精擦浴、肌肉注射、抽血化验……陪护病人的伙伴非常惊讶:"你难道一点都不害怕吗?"陈声容柔声答道:"怕。可他为维护世界和平而来,只要有一丝希望,都不能抛弃和放弃!"

当地时间 2005 年 1 月 28 日上午 9 点,医院值班室突然响起一阵急促的电话铃声。电话是战区司令部参谋长打来的,说在绥德鲁 40 公里外的 ZALLE 镇,发生一起严重车祸,5 名联合国难民署官员和工作人员严重受伤,请速派医护人员前去抢救!

陈声容迅速换上一次性手术衣、手术帽,背上急救箱、氧气包,跟随救护队飞快地冲向救护车,向事故地点疾驶而去。因夜间大雨,道路毁坏严重,十分颠簸。车内闷热如巢,坐在封闭车厢里的陈声容全身都湿透了,但她心中只有一个念头,就是救人,救人!

赶到出事地点后,只见一辆挂着"UNHCR"(联合国难民署)字样车牌的越野车,翻倒在公路边的草地上,衣衫不整、疲惫不堪的伤员们,正躺在草地上痛苦地呻吟。经过简单清创和包扎,陈声容像男队员一样,背起一名较重伤员,上车返回驻地休养。

七个月维和,陈声容共接待门诊病人3 100多人次,化验1 600多项,做B超160多人次;日门诊量最高时,突破了联利团二级医院的最高纪录!陈声容把不同肤色的患者都当亲人,增强他们战胜疾病的信心,令患者十分感动,很多人出院时主动走到中国维和二级医院的广场上,向着鲜红的五星红旗敬礼。当年,陈声容被授予联合国"和平勋章"。

2010年1月,陈声容再次临危受命,抛开了柔情,抛开了性别,赴海地灾区执行国际人道主义救援任务。"亲爱的,到那里一定要保重。"陈声容出发前,姐妹们为她送行,大家心里特别担心她。陈声容其实自己更清楚,海地局势不稳定,瘟疫横行,在身体和心理上都将经历严峻考验,因此,她已经做好时刻牺牲的准备了。

震后的太子港,到处都是残垣断壁和堆积的垃圾,大街小巷挤满了成群的伤员和无家可归的难民,出诊路上处处弥漫着恶臭和血腥。与此同时,震后海地有4 500余名重刑犯逃出了监狱,骚乱频发,经常有沉闷的枪声在帐篷外响起,空中都能闻到热辣的火药味。

余震不断、断水断电的海地,给女队员们生活上带来很多困难。在帐篷里,没有空调、没有电扇,中午更是热得厉害,40多度的高温,不断煎熬着她们爱美的天性。由于每天长时间在烈日下曝晒,陈声容的衣服从来就没有干过,上面结满了一层又一层的盐渍,颈部严重的湿疹加晒伤,衣领一碰到就疼痛难忍。晚上睡觉更是一种折磨:所谓的床,就是一个帆布兜,只有一人宽,人睡上去直往下陷,早上起来腰酸背痛。后来,陈声容干脆拆开装载物资的木箱,把木板架在帆布上当床板。

在海地救援,妇女儿童是救治重点。陈声容像年轻人一样,战斗在应急救援第一线,先后诊治患者 600 余名,最多的一天诊治了将近 120 人。因为医疗点无法解决"方便"问题,她早晨出诊都不敢喝水,后来发现即便喝水也没事,因为天气炎热,水通过皮肤全挥发了,可她还是不敢喝,怕万一去厕所,就会少护理一个病人。

陈声容的出色表现,得到海地民众和当地政府及联合国的高度赞扬。经历过艰险,经历过感动,陈声容的爱播撒异国。作为一名国际主义战士,陈声容习惯于把平凡的护理岗位当成战位,把每一次维护患者健康与生命的实践,都当成争分夺秒的战斗。

另一位爱洒非洲大地的"铿锵玫瑰",是第 41 届"南丁格尔"奖章得主,名叫陈海花,就职于北京军区总医院。2006 年 3 月,北京军区组建首支赴利比里亚维和医疗分队。正在外地出差的陈海花知道情况后,立即向院领导请战,考虑到她过硬的素质和作风,领导批准并任命她为维和医疗分队护士长。

4 月,陈海花与战友们来到了利比里亚第四战区绥德鲁,迎接她们的不是鲜花,而是一群衣不遮体、瘦骨嶙峋的乞儿;耳边传来的不是掌声,而是患者绝望痛苦的呻吟。医院所处的绥德鲁是艾滋病高发区,疟疾、结核和各类热带传染病患者占很大比重,传染性极强。陈海花曾做过统计,住院的病人中 HIV 阳性患者高达 72%,也就是说 10 个病人中 7 个都是艾滋病毒携带者。所以对医护人员来说,最危险的不是炮火和武力冲突,而是那些看不见摸不着的病菌。那里的医疗防护装置也简单,病人发病时,医护人员甚至来不及做自我防护。在陈海花的指导下,护士们的护理技能得到迅速提高,救护 HIV 阳性患者 600 余例,疟疾患者 186 例,转运 38 例重症患者,没有出现一例交叉感染。

在这片陌生的非洲土地上,在这简陋的病房里,陈海花创造了多项"第一":第一次接诊艾滋病人、第一次转诊危重病人、第一次护理疟疾患者、第一次护理登革热患者、第一次为产妇接生……她将人性化、精细化服务运用到每个细节之中,各有侧重地做好不同病症、国度、民族、信仰患者的护理工作,被广大患者誉为"白衣天使"。

2006 年 8 月,一名埃塞俄比亚军官因患抑郁症自杀未遂住院,而该患者讲母语,维和医疗队员讲英语,医患沟通一时陷入困境。陈海花经多方打探,找来了翻译,才把这个难题解决了。陈海花为了避免类似的问题再次发生,就积极拜翻译为师,刻苦学习埃语,经过一番恶补,终于制作出了英、埃语对照的《住院须知》和伙食保障清单。9 月 11 日是埃塞俄比亚的新年,陈海花特意为这名军官制作了埃语的新年贺卡,以示祝福。该军官出院后,又特意返回医院,用专门学会的几个英语单词,含糊不清地向陈海花和她的战友们表示感谢。

利比里亚常年战乱,联利团的物资供给匮乏,困难时期一度中断供给,医疗队出现食品危机,陈海花却把仅有的一点儿蔬菜也给了患者。那是一名艾滋病晚期合并肺结核的疟疾患者,持续高烧,神志不清,频繁腹泻,不能进食。陈海花 24 小时守在病床前观察病情,每隔一两个小时就要为其换一次床单、擦洗身体。一段时间后,患者病情稳定,但由于进食不便、营养跟不上,病情始终不见好转。

"怎么办? 医生妙手回春,挽救了患者的生命,不能因护理跟不上而使治疗功亏一篑。再难不能难患者!"打定主意后,陈海花自制了简易的持续胃肠内营养器材,把牛奶、鸡蛋和饼干泡在一起充当匀浆膳,用纱布过滤后滴入患者的胃内,并把自己一直舍不得吃的水果、蔬菜拿给患者吃。看着营养一点点地进入患者体内,陈海花感觉比自己吃了还高兴。

维和医疗队主要任务是保障维和部队官兵的健康,但由于绥德鲁当地仅中国野战二级医院一家医院,因此陈海花和同事们还额外承担了救治平民的工作。她们始终把以人为本的服务理念贯穿到工作全过程,无论是驻地官员还是普通居民,都一视同仁,努力提供周到细致的服务。

有一次,一名妊娠 8 个月的 18 岁孕妇大出血,生命垂危。当地医院诊断为死胎难产,请求救治。在既没有专业设备和专科大夫,也没有救治、护理经验的情况下,她们一边上网查找资料,一边给国内专家打电话寻求指导,研究制定了顺产、剖宫产、子宫切除等多套救治方案。经过连续八个多小时的抢救,该孕妇顺利产下一名男婴,母子平安。当陈海花把母子送回当地医院时,该院所有医务人员和住院病人及家属均自发地夹道欢迎,亲切地将陈海花誉为"传播爱心的和平天使"。

陈声容和陈海花用自己的行动,实现了跨越国界的爱心救援。其实还有很多像她们那样的护士,无论是在国内还是出国执行任务,都像南丁格尔那样,深情而又执着,用心灯照亮每个需要帮助的生命,做顽强又美丽的铿锵玫瑰!

逐梦箴言

人们把护士比喻成天使,那是因为她们不仅要用真情和关爱精心呵护每一个生命,而且还要在危难时刻挺身而出,奋不顾身,成为患者身边的"提灯女神"。她们把服务人类生命和健康作为终生的事业,在执着中坚守和攀登,成就的是伟大,彰显的是光荣。爱心不分国界,爱心不分种族,爱心超越性别!愿世界远离战争,远离灾难,和平自由安泰!

知识链接

利比里亚共和国

别称非洲的天然橡胶王国、非洲大门、商船王国。地处非洲西部。利比里亚北接几内亚,西北接塞拉利昂,东邻科特迪瓦,西南濒大西洋。泰勒执政后,对内实行独裁统治,局势一直动荡不安。自 2002 年底起,反政府武装"利比里亚人和解与民主联盟"加大对首都蒙罗维亚的攻势。2003 年 6 月,利民联和另一支反政府武装"利比里亚民主运动"与利政府在加纳首都阿克拉签署停火协议。8月11日,迫于内外压力,泰勒总统向副总统布拉移交权力,流亡尼日利亚。8月18日,布拉政府与利民联、利民运和各政党社团共同签署《阿克拉和平协定》,并于10月中旬组建全国过渡政府。目前,利政局总体趋于稳定。

海地大地震

加勒比岛国海地当地时间2010年1月12日16时53分(北京时间13日5时53分),发生里氏7.0级地震,首都太子港及全国大部分地区受灾情况严重。截至2010年1月26日,海地地震进入第15天,世界卫生组织确认,地震已造成22.25万人丧生,19.6万人受伤,难民多达300万。遇难者有联合国驻海地维和部队人员,其中包括8名中国维和人员遇难。这次海地自1770年以来最严重的大地震,使这个西半球最贫穷的国家遭受到了前所未有的打击。包括总统府和联合国维和部队驻地在内的数百栋建筑坍塌。2010年1月13日,联合国总部大楼前的联合国会旗降半旗向海地地震中遇难者致哀。

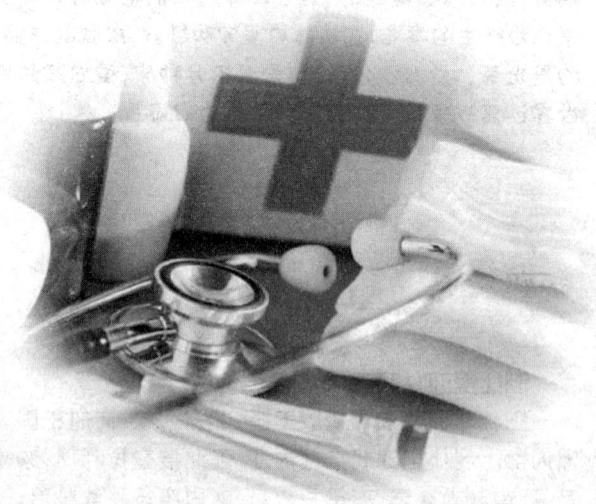

◦智慧心语◦

在可怕的疾病与死亡中,我看到人性神圣英勇的升华。

——南丁格尔

全世界一切被压迫人民和被压迫民族联合起来,一切爱好和平国家要联合起来。

——毛泽东

我们爱我们的民族,这是我们自信心的源泉。

——周恩来

应该培养对自己和对自己力量的信心。这种信心是靠克服障碍、培养意志和锻炼意志而获得的。

——高尔基

真理是正义的侍女,自由是正义的孩儿,和平是正义的伙伴;安全化在它的步履中,胜利跟在它的裙裾后。

——西史密斯

我的未来不是梦

白衣天使

第十章

不怕做那片最小的叶子

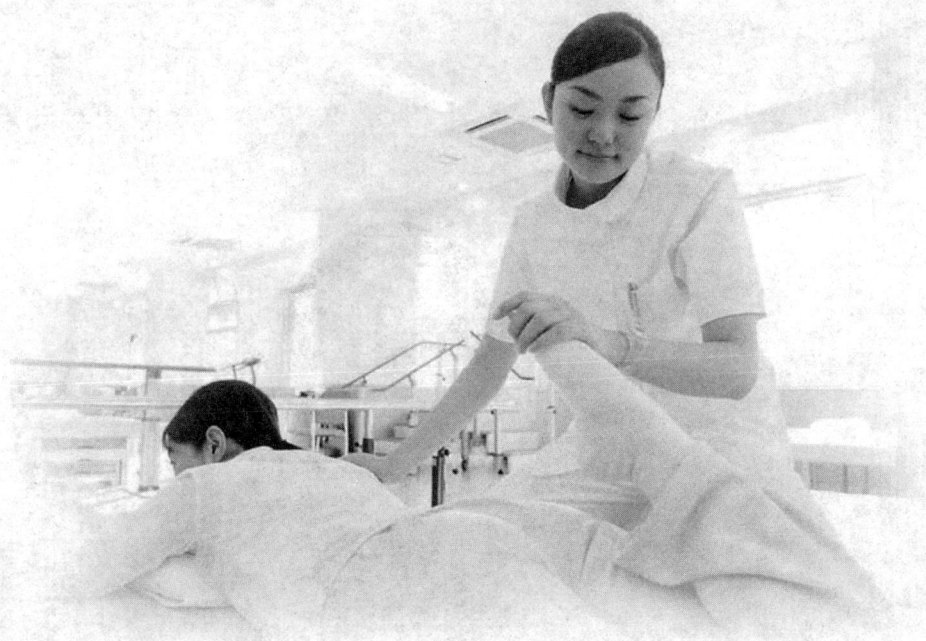

◎导读◎

奥维德说过:"世间的人才是有层次的。"不可能每个人走的路都是一个方向,也不可能所有人都站在同一高度。正如手指,即便参差不齐,却各司其职,多一个是累赘,少一个则成缺憾。像月亮,不会因为太阳的炽烈而失去柔美;像星星,不会因为月亮的温柔而失去自己的璀璨。只要有价值,哪怕做一片最小的叶子,也是骄傲的!

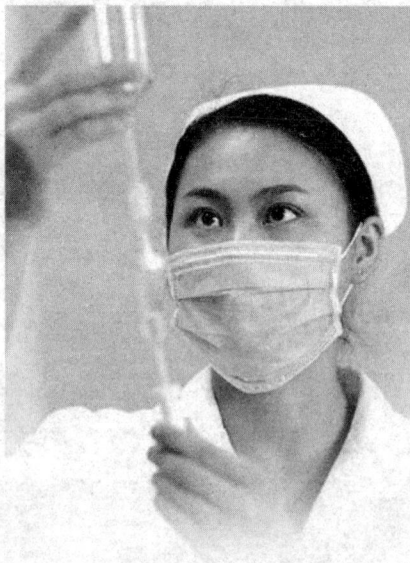

■ 信念和热忱是朴素的美

如果把医院比作是一棵大树，那么护士，就应该是枝头上一片最小最朴素的绿叶，毫不招摇地衬托着朵朵红花，然后手拉手、肩并肩地装点着挺拔的树干，浓郁一季又一季荫凉。

护士洁白整洁的工作服、高雅可爱的燕帽，给人以亲切、端庄和纯洁的印象。这样美好的仪表，不仅起着预防与隔离作用，还代表着护士的尊严和责任。因此，医院对护士着装是有严格规定的，如：护士服装扣要扣好，裙边不能露在白色工作服外面等；戴燕式帽时，要求发型大方、保持头发整洁梳理；上班时不能戴任何饰品；可着淡妆，这种淡妆是从病人需要出发，要与医院素雅的整体色调相吻合，以展示当今护士整体素质及美感。

荀子说："礼者人道之极也。"如我们前文提到的"壁影之吻"——南丁格尔为护理事业付出极大的精力和心血，夜幕降临时，她提着一盏小小的油灯，沿着崎岖的小路，逐床查看伤病员。她美丽修长的身影在摇曳的灯光中飘动着，在寒冷的夜晚带给伤病员莫大的慰藉。关于这段描写，一方面歌颂了南丁格尔无私的奉献精神，另一方面显示出仪表的重要性，哪怕只是一个身影，如果以优美的形式出现，同样会给人们温暖和力量。而这种力量，更深层次来自于南丁格尔对护理事业的执着信念，是信念让她冲破各种阻力，坚持自己热爱的事业，把朴素的身影变成美丽的神话，让"护士大学生燃烛戴帽"——成为最朴素最神圣的仪式。

给护士命名的钱钟芳女士，则以极大的热忱投入到护理事业中来，边

我的未来不是梦

工作边译著外国护理名著,想让更多中国人了解护理知识。她夜以继日地查阅资料,在灯下苦读,为的是把一些先进的护理理念带到中国,为老百姓解决实际问题。她不仅热爱自己的职业,还鼓励更多学员严格要求自身,要培养高度的责任心,良好的职业道德,严谨的工作态度,较强的综合分析能力,敏锐的洞察力。当 NURSE 一词在中国正式译为"护士"后,是文明和高尚赋予护士尊重生命、护理生命的神圣职责。这种美,是不需要用任何语言去修饰的,看一看当下护士们文雅、健康、有朝气的一举一动、一言一行,就能给病人心理带来亲切自然的感受;特别护理界提倡的微笑服务,更让饱受疾病折磨的患者产生平静友善、幸福愉快的安全感,体会到人间真情,生活的美好,从而积极配合治疗,有助康复。

在那个充满激情又百业待兴的年代,王琇瑛把所有的热爱和力量,都投入到新中国护理事业这个崭新而又广阔的舞台,以身作则,任劳任怨,出色地完成了各项工作。特别是在朝鲜战争爆发时,她成立第一批抗美援朝护士教学队,并到鸭绿江边考察战场救护工作,积极进行有效的指导。她的信念只有一个:放弃个人的物质生活,踏踏实实守在祖国,默默地用自己朴素的情感和踏实的行动,来挽救、建设和热爱自己的祖国。她的心灵是纯洁美好的,像甘泉、像雨露,不仅滋润自身的语言、形象,而且也使周围一切沐浴美的光辉。拥有了热爱,就等于拥有美丽;拥有了智慧,就能创造美丽祥和的世界。

而外国护士信宝珠的到来,其信念和热忱影响了中国护理界一代又一代人。她把西方理念带到中国,并热情地四处倡议,让"医学无国界,热忱无国界,南丁格尔精神无国界",这句话在她身上得到充分体现和诠释。信宝珠把自己的热情和执着,一点点灌输给中国人,越来越多的人认可她,希望为病人做些事情。因此我们可以说,不仅医学无国界,"真善美"也不分国界,在最朴素的信仰里,总能找到用热忱浇灌出来的蓓蕾,连接起跨越时空跨越国界的爱心之路。

美,无处不在,而体现在护士身上的美,绝非单单来自仪表,更彰显在无私的品格中。一生清清白白的陈路得老人,把毕生的精力都奉献给了护理事业,而自己却是非常简朴,一副毛线手套用了十多年,总是破了补了又补;唯一的一件新毛衣,只有客人来访时,她才会换上。为了给中国培养更多更好的护士,陈路得用几十年工资积蓄的 1.1 万元设了"陈路得护理教育奖学金",颁发给在护理教学工作中的教师和应届毕业生——而她自己,几乎是一无所有。但是我们都知道,陈路得老人是最美丽的,在她朴实无华的外表下,跳跃着最善良最热忱的心灵,用"清白"二个诠释了美的另一个含义……

回顾以上护士们的感人事迹,我们惊喜地发现:赋予美之中的信念和热忱,要比美本身更高尚深奥,更值得我们去不懈追求。

对于青年人来说,若想成功步入社会,给他人留下良好第一印象的同时,更重要的是要树立信念,投入热忱。因为拥有了信念,便会在人际交往中充满自信;拥有了热忱,便会让周围的人感受到你的真诚,从而达到一个意想不到的效果。即使最终只能做绿叶,也要像那些优秀的护士一样,以最优美的姿态翠绿在枝头,为季节添一份生机和活力。

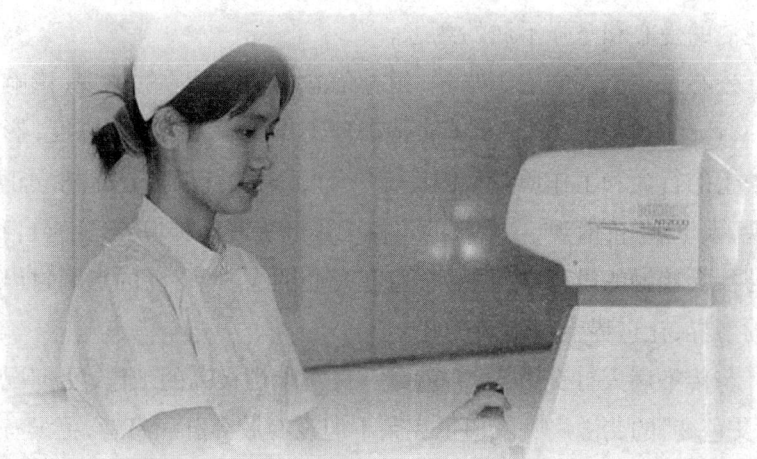

■ 爱心和坚强是完善的美

地球上一切美丽的东西都来源于太阳，一切美好的东西都来源于人。爱美之心，人皆有之，但并不是拥有美好的仪表就能战胜一切，最终一个是要以心灵之美征服世界的。因为心灵之美是道德与修养的体现，具有深刻的内涵。

回顾前文那些感人的故事，人们称南丁格尔为"提灯女神"，林巧稚为"万婴之母"，克拉拉·巴顿为"战地女神"，何遥为"草根英雄"，姜云燕为"昆仑卫士"；说周娴君是"鸡窝里飞出的金凤凰"，聂淑娟是"冰清玉洁的雪莲花"，王清珍是"共和国的骄子"，陈容声和陈海花是"跨越国界的铿锵玫瑰"……这所有的美誉，并不是因为她们有倾国倾城之貌，而是因为拥有善良纯洁的爱心和坚强不屈的意志。

爱心是一个人的道德修养、道德信念与道德品质的体现，影响他的一言一行。例如护士，则决定着对待护理工作及病人的根本态度，影响制约着护士的行为和工作质量。因此，一个人修养的目的，在于树立正确的世界观、人生观、价值观，在平凡的工作中不断提高精神境界，完善自我，从而在与社会接触的过程中，做一个富有爱心的人，以自己的点滴付出感染周围的事界，让世界变得和谐美好。

与传染病人打交道，本身就是一件危险性极高的工作，更何况是人们"谈艾色变"的艾滋病呢？但王克荣不但没有放弃肝病患者，更没有放弃艾滋病患者。强烈的爱心和责任心，让她战胜了短暂的犹豫，很快投入到有关艾滋病的学习和工作中来。尤其是与病人相处久了,王克荣惊喜地发现了他们的闪光点,从而与病人成为互敬互爱的好朋友。这种情况下的人格,是美丽而高尚的;这种情况下建立的友谊,更是美好而崇高的。爱心,其实就是一个关怀的眼神,一个简单的动作,王克荣用自己的行动告诉大家——"爱都可带美梦飞,围着是我暖和手臂,要撑起并未孤单的你,这点爱在大同世界点起,再无歧视或舍弃;真的爱在大同世界点起,愿望延续出希冀,红丝带给你,再为你打气。"

由 83 岁高龄的章金媛组织的"江西红十字志愿护理服务中心",12 年间发展到 3500 多人的爱心奉献团队,先后为 120 多个社区的 50 余万人提供爱心服务。她们都是离退休人员,用爱心和汗水,让鳏寡孤独者脱离孤单寂寞,让病痛残疾者重燃生活希望,书写出令人惊叹的传奇。爱的奉献,不分年龄,也不分性别,需要的是从当下做起,从身边做起,从小事做起。爱心能打开一扇扇通往情感的窗口,温暖是一个最感人的名词,只要愿意,人人都能把"温暖"书写,像章金媛和她的团队那样——爱心出动,去温暖每个春夏秋冬!

但在整个生命历程中,光有爱心是不够的,因为荆棘就隐藏在各个不同的角落,随时会考验人的毅力。因此,若想让人生变得充实有意义,就一定要学会坚强,挑战各种未知的坎坷和磨难。

泰国皇太后诗纳卡琳就是最有说服力的人物,她外表光鲜亮丽,享受的待遇也令人羡慕;但命运赋予她的一个又一个考验,并不是常人能想象得到的。幼年丧父,青年丧夫,中年丧子,这是人生不可承受的悲痛,然而为了亲人为了整个泰国的子民,她咬紧牙关——挺过来了。"苦难是最好的大学",它能教会你如何从荆棘上爬起来,即使是流着血的疼痛也无所谓,只要有梦想和坚强面对挫折的勇气,就没有过不去的坎,没有趟不过去的河。更值得敬佩的是,诗纳卡琳不仅具有坚忍不拔的意志,还具有伟大的爱心,一生做了很多慈善事业,成为最受泰国人民爱戴的皇太后,因此成为泰国人民世代爱戴的皇太后。

有谚语:"人心不同,各如其面。"由于各人的环境感受不同,所以对人

我的未来不是梦

生的见解亦各异。譬如说，有人认为人生快乐，有人认为人生痛苦。有人积极进取，有人消极悲观。这些，究竟孰是孰非呢？我们是及时行乐，尽情享受；还是悲观厌世，追求解脱？我们是努力进取，发奋创造，还是凭天由命，得过且过？再进一步说，生命由何而来，往何而去？生命的价值何在，意义又何在，如果仅只为了享受，或终生充满痛苦，生命还有什么价值？

因此，爱心和坚强更显得重要了。若想让心灵变得丰盈纯净，让生命活得有价值，首先要注意情感的表达，因为情感是人内心世界的反映。譬如护士这个特殊职业，每天要面对的是疾病缠身、身心处于痛苦状态的病人，所谓"久病床前无孝子"，有时亲朋好友都表现出厌烦的情绪，但作为护士，必须要带着关心、爱护、体贴的情感去为病人进行各种治疗及护理。护士本身也是人，有个人的喜怒哀乐；但护士的角色要求护士一旦上岗，就要学会控制自己的情感，急病人之所急，想病人之所想，不因自己的情绪影响护理效果。

其实，语言是人类交流思想感情的工具，护士与病人之间的语言交流尤为重要。言为心声，良好的愿望、诚挚的关心与美好的心灵，都要通过言行来表达。常言道："良言一句三冬暖，恶语伤人六月寒。"美好的语言可使人感到温暖，使困境中的人增加信心和力量，使合作者更有信心和热心合作，这其实也是爱心在另一个角度的体现，让人格力量更趋于完善。

雨果说："世界上最宽阔的是海洋，比海洋更宽阔的是天空，比天空更宽阔的是人的心灵。"爱心是花园，爱的思想是根茎，爱的言行是绿叶，爱的事业就是果实。心灵不在它生活的地方，而在它所爱的地方，因此，要散布阳光到别人心里，先得自己心里有阳光！

■ 生命与和平是永恒的美

　　绿叶虽然微小,但却不卑微,因为人们赋予它生命和希望的意义。而护理事业亦如此,在庞大的医疗系统中,护士的工作最繁琐,但绝不是微不足道,正是她们用娴熟的护理技术取得病人信任,用任劳任怨的工作态度维系着良好的医患关系,用艰苦奋斗的精神坚守职责,给人们创造幸福,为世界谱写和平的乐音。

　　年轻的草根英雄何遥被评为"最美护士",绝非偶然或者炒作,是人们对幸福生活的渴望,也是人们对社会"正能量"的呼唤。生命是唯一的,是不可替代的,面对患者的无理取闹,护士依然能心平气和、甚至忍辱负重,实在是值得敬佩和学习。何遥一直强调说,她只是在普通的岗位上做了一件平凡的小事;但我们都知道,从小事中彰显出的高尚品格,更是珍贵的。护士被人们称为"白衣天使",而朴实如邻家小妹的何遥向我们展示了"天使之美",使我们感到,其实天使距我们就"一步之遥","平民英雄"存在于大众之中,"身边好人"就在身边。何遥用甜美的笑容感召人们:生命是最重要的;人人都要爱惜生命,珍惜如今幸福美好的生活。

　　与何遥一样"美丽"的,还有昆仑山上那只飞翔的"云燕"。姜云燕用实际行动向人们证明:挽救生命是第一位的,其他都是第二位的。面对生命垂危的病人, 她毅然嘴对嘴地把病人口中的痰吸了出来。经过紧张的抢救,病人转危为安。从入伍的那一天起,姜云燕就一再要求到全军海拔最高、条件最差、环境最苦的医疗机构工作。零下二三十度,大气中含氧量不足平原的一半,在这样险恶的环境中巡诊、治病,要比在平原上多付出数十倍的辛劳。姜云燕经常嘴唇发紫、眼圈红肿,吃不下饭、睡不着觉,每天身负重荷,在缺氧、陡峭的山地跋涉,在风雪中巡逻。她没有都市女性那些华丽的衣裳和首饰,但却把"美丽"二字书写得壮丽辉煌。

面对这么多感人的事迹,静下心来看看如今飞速发展的时代,我们又有什么资格不珍惜生命,不珍惜今天的幸福生活呢?"一条大河波浪宽,风吹稻花香两岸,我家就在岸上住,听惯了艄公的号子,看惯了船上的白帆……"当这首歌唱响的时候,在一切追求快节奏的现代社会,又有多少人能记起电影《上甘岭》中的女卫生员王兰?又有多少知道,王兰的原型就是护士王清珍的化身?在抗美援朝战役中,有多少卫生员像王清珍那样工作在战地,为伤病员解除病痛,甚至用口去为他们排尿?王清珍和王兰一样,勇敢的形象和那悦耳的歌声,已经深深铭记在人们心中。这是最崇高最永恒的"美",即使时光流逝,硝烟远去,人们依然怀念和敬仰她们,感谢她们为共和国付出的一切!

如今,人们常常追问:"幸福是什么?"其实纵观历史足迹,对于个人来说,生命本身就是一种幸福;而对于整个世界来说,和平才是最大的幸福!有了世界的和平,才有安定的国家,才有温暖的家,从而才有实现梦想、走向成功的可能。

"一颗子弹从克拉拉·巴顿的袖底呼啸而过,击中了她正在照顾的一位伤员。一位头上缠着带血绷带的年轻中尉拍拍她的胳膊,对她说:小姐,快离开这儿,这不是女孩儿该待的地方。克拉拉·巴顿抬头看了他一眼,她的眼中噙着泪水,仍然在为那位她试图挽救的年轻士兵而感到难过。她答道:别管我,年轻人,我现在没空。说着又开始照顾起另一位伤员来……"这是一个电影的片段,也是"战地天使"克拉拉·巴顿的写照,她促使美国国会签署了国际红十字会的世界条约,又成功劝说美国国会接受日内瓦协定,这一协定为在战争中的伤员和战俘制定了国际规则。维护世界和平是克拉拉·巴顿毕生追求的目标,她给人以关爱,给人以欢乐,给人以希望,给人以感动,给人以力量,留给世界护理界最永恒的美丽!

　　"狂风落尽深红色,绿叶成荫子满枝。"在医院这棵参天大树上,白衣天使就是片片绿叶,在清山秀水间默默无闻地奉献着,点缀树干,映衬花朵。"莫道浮云终蔽日,应信绿叶乐扶花",勇敢地做枝头那片最小的绿叶,在光和热散尽之后,静然地归于树根,化作春泥,去滋养另一季的生命和希望!

我的未来不是梦

● 智慧心语 ●

虽然我们走遍世界去寻找美,但是美这东西要不是存在于我们内心,就无从寻找。

——爱默生

果实的事业是尊贵的,花朵的事业是甜美的,但还是让我在默默献身的阴影里做叶的事业吧。

——泰戈尔

立志、工作、成就是人类活动的三大要素。立志是事业的大门,工作是登堂入室的旅程。这旅程的尽头有个成功在等待着,来庆祝你的努力结果。

——巴斯德

人在生活中遇到不幸,没有什么比一门技艺会给人更好的安慰,因为当他一心钻研那门技艺时,船已不知不觉越过了重重危难。

——米南德